1816년 여름,
우리는 스위스로
여행을 갔고

1816년 여름, 우리는 스위스로 여행을 갔고

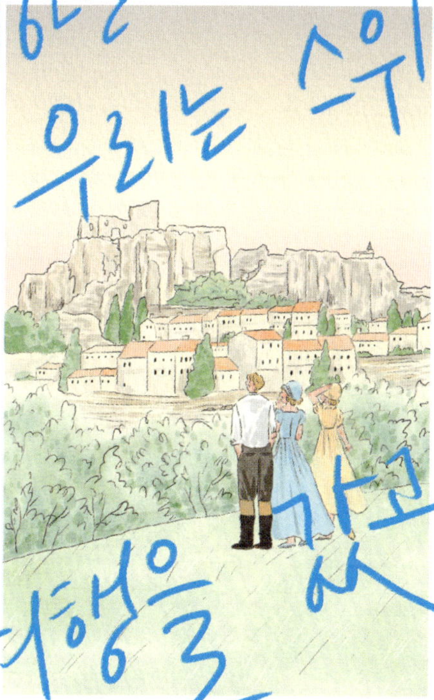

프랑켄슈타인의 기원이 된 두 여행의 기록

메리 셸리, 퍼시 비시 셸리 지음
유혜인 옮김

차례

역자의 글	6
서문	14

1부

6주간의 여행기
(1814년 7월 28일 영국 런던~1814년 9월 13일 영국 그레이브젠드)

폭염 속 시작한 여행	21
프랑스: 그림 같은 풍경들과 전쟁이 남기고 간 흔적들	23
스위스: 뱃바람을 맞으며	41
독일: 어쩌면 지상에서 가장 아름다운 낙원	52
네덜란드: 가장 경제적인 모험의 끝에서	60

2부

1816년 여름 제네바 인근에서 석 달을 보내며 쓴 편지들

(1816년 5월 8일 프랑스 파리~1816년 7월 28일 프랑스 몽블랑산)

첫 번째 편지, 1816년 5월 17일, 제네바에서, 메리.   72

두 번째 편지, 1816년 6월 1일, 콜리니 인근에서, 메리.   82

세 번째 편지, 1816년 7월 12일, 콜리니 인근에서, 퍼시.   90

네 번째 편지, 1816년 7월 22일, 샤모니에서, 퍼시.   110

3부

몽블랑

몽블랑 Ⅰ~Ⅴ   129

《프랑켄슈타인》 서문

  《프랑켄슈타인》 1831년 판 서문   139

  《프랑켄슈타인》 초판 서문   149

역자의 글

최초의 SF 소설이자 200년이 지난 지금까지도 명작으로 널리 읽히는 《프랑켄슈타인》은 1816년 스위스 제네바의 한 별장에서 시작되었다. 하지만 여행지에서 우연한 계기로 구상한 소설이라는 것만으로 여행과 《프랑켄슈타인》의 관련성이 끝나지는 않는다. 이 이야기에는 메리 셸리가 실제로 여행 중 눈에 담은 풍경과 가슴 깊이 느낀 감동이 고스란히 녹아 있기 때문이다. 당시의 여행을 간접적으로 함께하고 걸작의 탄생이라는 역사적 순간 또한 엿볼 수 있는 여행기 《1816년 여름, 우리는 스위스로 여행을 갔고》를 한국의 독자들에게도 기쁜 마음으로 소개하고자 한다.

메리 셸리가 1814년과 1816년 두 차례에 걸쳐 경험한 유럽 여행의 기록을 정리해 출간한 이 작품은 사실 젊은 연인이 감행한 사랑의 도피로 출발했다. 영국의 정치철학자 윌리엄 고드윈과 최초의 페미니스트로 일컬어지는 메리 울스턴크래프트 사이에서 태어난 메리는 태어나자마자 어머니를 잃었고 정규교육을 받지 않았지만 아버지의 영향으로 책을 읽고 글을 쓰는 문학소녀로 성장했다. 그러던 중 아버지의 제자인 퍼시 비시 셸리를 만나 사랑에 빠지는데 문제는 퍼시가 아내와 딸을 둔 유부남이라는 것이었다.

결국 그들은 가족의 반대와 주변의 따가운 시선을 피해 메리의 이복동생 클레어 클레어몬트와 함께 1814년 첫 번째 유럽 여행을 떠난다. 두 연인의 입장에서는 영국 사회의 인습에 대한 일종의 낭만적인 도전이자 반항이라고 할 수도 있겠다. 하지만 낭만적인 도주가 현실의 고난으로 이어지는 데는 오랜 시간이 걸리지 않았다. 무더운 날씨에 척박한 땅 위에서 마차, 당나귀를 타고 이동하는 경험은 처음으로 타국 땅을 밟은 열여섯 살 메리의 꿈과 환상을 깨기에 충분했다. 이때의 고충은 메리의 기록에도 드러나 있다.

"우리가 지난 길보다 황량하고 척박한 길은 또 없으리라. 백악질의 땅에는 풀조차 자라지 않았고 어떻게든 경작을 시도한 곳에서는 떨어진 옥수수 이삭이 토양의 척박함을 그대로 보여 주었다. 바닥 색과 같은 하얀색 벌레 수천 마리가 길에 우글거렸다. 구름 한 점 없는 하늘에서 태양이 우리에게 쏜 빛은 땅을 치고 반사되었다. 나는 더워서 기절할 것만 같았다."

그뿐만 아니라 없는 돈을 아껴 가며 허름한 숙소를 전전하고 영국과는 문화와 관습부터 다른 사람들 속에서 이질감을 느낀다. 그러나 모든 여행이 그렇듯, 고난 끝에 찾아온 감동은 더욱 특별했다. 스위스로 이동하며 보게 된 아름다운 풍경과 알프스의 장엄한 자태는 그간의 고생을 잊게 해주는 달콤한 보상과도 같았다.

"앞뒤로 겹겹이 펼쳐지는 검은 산맥의 뒤편에서 눈 쌓인 알프스가 모든 풍경을 압도하며 우뚝 서 있었다. 160km는 훌쩍 넘게 떨어져 있었지만 하늘로 얼마나 높이 솟아 있던지 여름이면 지평선에 모여드는 새하얀 구름 뭉치처럼 보였다. 그 광대함은 상상을 뒤흔들고 모든 관념을 초월했다. 실제로 이 땅의 일부라는 사실을 좀처럼 믿기 힘들었다."

1814년 여행 중 뱃속에 있던 아이를 조산해 떠나보내고 다시 임신해 아들을 출산한 후 떠난 두 번째 여행은 메리 셸리의 삶에 더욱 깊은 의미를 남겼다. 1816년은 전년에 인도네시아에서 탐보라 화산이 폭발하며 전 세계적으로 이상기후가 나타난 해였다. 유럽에서는 궂은 날씨 탓에 여름이 사라져

1816년을 '여름이 없는 해'라고 부르기도 했다. 메리 일행이 머물고 있던 제네바도 예외가 아니었다.

"어느 날 밤은 태어나서 처음 보는 강한 폭풍이 불었어. 호수가 번쩍이자 쥐라산맥의 소나무가 다 보이는 거 있지. 모든 풍경이 순간 하얗게 빛나더니 칠흑 같은 어둠이 찾아왔고 어둠 속에서 머리 위로 무시무시한 천둥이 쳤어."

당시 셸리 부부는 시인 조지 고든 바이런과 그의 주치의 존 윌리엄 폴리도리와 함께 제네바의 빌라 디오다티에 머물고 있었다. 《프랑켄슈타인》 서문에서 이야기하듯, 끊임없이 내리는 비로 별장에 갇힌 이들은 외국 괴담책을 읽었고 "우리 각자 괴담을 써 봅시다"라는 바이런 경의 가벼운 제안에 저마다의 이야기를 구상했다. 누구나 두려워할 오싹한 괴담을 만들어 내고 싶었지만 좀처럼 소재가 떠오르지 않아 고민하던 메리는 남편과 바이런 경의 대화에 언급된 다윈 박사의 실험과 그날 밤 꾼 악몽을 바탕으로 짧은 글을 쓰기 시작했고 추후 이 글을 발전시켜 장편소설 《프랑켄슈타인》을 완성했다. 그리고 메리가 두 차례의 여행에서 목격한 아름답고 신비로우며 숭고한 알프스는 작품의 완벽한 배경으로서 장엄한 자연이 주는 압도적인 공포와 경외감을 독자에게 선사한다.

"나는 자리에서 일어났고 시시각각 어둠이 짙게 깔리고 폭풍우가 거세지는 동안에도, 머리 위에서 무시무시한 천둥이

치는 동안에도 쉬지 않고 걸었습니다. 천둥의 메아리가 살레브, 쥐라, 사부아의 알프스에서 울려 퍼졌습니다. 눈앞이 아찔해질 만큼 생생한 번갯불이 호수를 비추어 드넓은 불바다로 만들더군요."

이 외에도 《프랑켄슈타인》에 등장하는 배경(괴물이 프랑켄슈타인을 쫓아 넘나들던 쥐라산맥, 두 사람이 대면해 처음으로 언쟁을 벌이며 맞붙은 빙하, 작품에 몇 번이나 등장하는 산맥과 산을 감싼 호수)은 메리가 구체적으로 묘사한 실제 풍경과 겹쳐 보인다. 이 여행기를 읽다 보면 소설 속 인물들이 이러한 풍경을 배경으로 고통과 환희, 호기심을 안고 살아 움직이는 모습이 자연스럽게 떠오른다.

"더 높이 올라갈수록 계곡은 더 장엄하고 경이로운 모습이었습니다. 소나무가 우거진 산의 절벽에 위태롭게 매달린 옛 성들, 격렬하게 흐르는 아르브강, 숲 여기저기에서 빼꼼 고개를 든 오두막들이 어우러진 경치는 독특한 아름다움을 뽐냈습니다. 그러나 그 경치를 더욱 숭고하게 만들어주는 것은 장엄한 알프스였습니다. 새하얗게 반짝이는 뿔과 반구가 마치 다른 종족이 거주하는 세상에 속하듯 모든 풍경 위로 우뚝 솟아 있는 것이 아니겠습니까."

이렇듯 《1816년 여름, 우리는 스위스로 여행을 갔고》를 통해 독자는 19세기에 인간과 자연, 과학과 윤리 문제를 화두에 올린 걸작의 기원을 짐작할 수 있다. 여행기에서 묘사하는 알프스의 풍경이 어떻게 소설 속 배경으로 그려졌는지, 작가의 실제 경험이 상상력을 거쳐 어떻게 훌륭한 문학작품으로 탄생했는지 따라가다 보면 새삼스러운 감동과 즐거움마저 느껴진다.

물론《1816년 여름, 우리는 스위스로 여행을 갔고》의 의의는 작품 그 자체에서도 발견할 수 있다. 이 여행기는 19세기 초 유럽을 생생하게 담아내는 기록으로서도 귀중한 글이다. 메리는 프랑스에 도착하자마자 이렇게 썼다.

"내게 익숙지 않은 언어로 웅성거리며 뜻 모를 말을 하는 사람들의 목소리가 처음으로 귀에 들어왔다. 바다 건너의 사람들은 옷도 다르게 입었다. 여자들의 높은 모자와 짧은 재킷, 남자들의 귀걸이는 몹시도 낯선 풍경이었다."

생애 첫 외국 여행을 떠난 소녀가 낯선 언어와 문화를 접하고 솔직하게 써 내려간 감상에서 그 당시 느꼈을 생경함이 그대로 전해진다. 덧붙여 영국인이 아닌 사람들을 향해 유쾌하고도 신랄한 평가를 내리고 그들의 행동과 습성을 예리하게 관찰함으로써 남성 중심의 전통적인 여행기와는 차원이 다른 시각과 통찰을 제시했다는 점도 이 작품을 대표하는 특징일 것이다. 특히 메리는 나폴레옹전쟁 직후 곳곳에 남아 있는 전쟁의 상흔, 혼란스러운 시기를 살아가는 사람들의 표정을 섬세하게 포착했다. 그 시대의 사회적·정치적 분위기를 민감하게 읽을 줄 알았고, 자신이 속한 영국 사회에 대한 비판적인 시각도 은연중에 드러냈다. 여성 작가는 정치적이지 않다는 당시 분위기와는 다르게 본인만의 시각으로 더 넓은 세계를 바라보고 인식했다. 또한 메리는 여행자의 순수한 눈으로 미지의 세계를 탐험하며 때로는 고난과 좌절을, 때로는 열정과 환희를 느꼈다. 아름답고 신비한 풍경에서 소설가로서의 영감을 받은 한편, 위대하고 압도적인 자연 앞에서 겸허해지기도 했다.

그렇다면 200여 년이 흐른 지금, 2025년을 사는 우리는 이 여행기에서 무엇을 배울 수 있을까? 당시 열여섯 소녀가 마주했던 도전과 성장의 이야기는 시대를 초월해 우리에게 깊은 여운을 준다. 인습의 벽을 뛰어넘으려 했던 젊은 영혼의 몸부림, 낯선 세계를 마주하며 느낀 두려움과 경이로움, 그리고 자연 앞에서 경험한 숭고한 깨달음은 오늘을 사는 우리에게도 깊은 의미를 전한다. 특히 여행지에서 마주한 풍경으로 맛본 감동을 《프랑켄슈타인》이라는 불멸의 걸작으로 승화한 과정은 여행이 창조적인 영감의 원천이 될 수 있다는 진리도 다시 한번 증명한다. 이를 작가의 언어로 생생하게 전달하기 위해 《프랑켄슈타인》의 서문을 덧붙이니 1814년과 1816년의 여행을 함께한 후 읽어 보기를 권한다. 두 서문을 통해 이 작품은 물론《프랑켄슈타인》을 보는 시각도 다채롭게 확장되리라 믿는다. 이처럼 인간의 성장과 예술적 창조의 근원을 보여주는 귀중한 기록인《1816년 여름, 우리는 스위스로 여행을 갔고》가 우리나라 독자들에게도 뜨거운 울림을 줄 수 있기를 바란다.

서문

이 작은 책은 더없이 소박하다. 이제는 영국인들에게도 너무나 익숙해진 곳들을 계획 없이 방문했던 젊은이들의 이야기들이다. 그래서 웬만한 내용은 더 노련하고 정밀한 관찰자들의 여행기에 다 나와 있을 것이다. 불완전한 일기와 영국의 친구들에게 보낸 두세 통의 편지를 정리한 것이 전부나 다름없다. 이토록 소박한 여행기를 대중에 공개하기로 한 이들은 그때 더 풍부하고 완벽한 자료를 남겼어야 했다며 아쉬워했다. 눈앞의 세상에 변덕스러운 즐거움과 아름다움을 더하는 여름을 제비처럼 쫓아다니며 청춘을 보낸 이들이라면(그래서 어떤 성과를 이루었든 간에), 저자가 남편, 여동생과 프랑스와 스위스를 걸어서 여행했던 길을 밟고, 저자와 함께 성곽이 늘어선 라인강에서 배를 타며, 그 자체로 아름답지만 이후 위대한 시인이 더욱 신성한 자연으로 새롭게 옷을 입힌 풍경을 감상하며 작은 즐거움을 발견할 수 있다. 과거에도 현재에도 부드러우며 찬란한 상상력으로 채워진 메유에리, 클라랑, 시옹, 브베와 같은 역사의 장을 방문했던 이들의 이야기를 듣고 싶어 하게 된다.

젊은 시절의 열정으로 빙하, 호수, 숲, 장엄한 알프스의 원천을 본 사람과 대화한 경험이 없는 독자라면, 다음의 이야기에 담긴 모험과 감정에 공감하며 흥미로우면서 뛰어나게 표현된 풍경들을 향한 호기심을 느껴 보자. 이 이야기가 완벽하지 않더라도 용서할 수 있을 것이다.

〈몽블랑〉이라는 시는 샤모니와 브베에서 두 통의 편지를 쓴 이의 작품으로, 시가 묘사하려는 대상이 불러일으킨 깊고도 강렬한 감정을 담았다. 걷잡을 수 없이 넘쳐흐르는 영혼으로, 그 감정을 불러일으킨 길들일 수 없는 야생성과 다가갈 수 없는 엄숙함을 찬양한다.

1부

6주간의 여행기

1816, Summer, Switzerland

1814년 7월 28일 영국 런던 ~
1814년 9월 13일 영국 그레이브젠드

여행의 일행들
메리 울스턴크래프트 셸리
(당시 메리 울스턴크래프트 고드윈),
퍼시 비시 셸리(S),
메리의 의붓자매 클레어 클레어몬트(C)

폭염 속 시작한 여행

이 여행을 다녀온 지 이제 3년이 되어 가고, 당시에 일기를 자세히 쓰지 않았다. 하지만 그때 우리가 어떤 경험을 했는지 자주 이야기했고, 이동하며 어떤 풍경을 보았는지도 많이 묘사한 터, 흥미로운 내용은 많이 누락되지 않을 듯하다.

우리가 런던을 떠난 1814년 7월 28일은 몇 년 만의 폭염이 기승을 부린 날이었다. 애초에 여행 체질이 아닌 데다 더위까지 겹쳐 몸 상태가 말이 아니었지만 도버에 도착해 해수욕을 하니 기운이 났다. 되도록 빨리 해협을 건너고자 했던 우리는 다음 날 올 정기선을 기다리기보다는(그때가 오후 네 시경이었다) 작은 배를 빌려 당일 저녁에 항해를 하기로 결정

했다. 선원은 두 시간이면 목적지에 도착한다고 말했다.

저녁은 더없이 아름다웠다. 바람이 잔잔하게 불었고 미풍에 돛이 펄럭였다. 달이 뜨고 날이 저물었다. 이윽고 밤이 되자 파도가 느린 속도로 일더니 바람이 강해지기 시작했고, 바다는 곧 배를 뒤엎을 기세로 거칠어졌다. 나는 지독한 뱃멀미에 시달렸고 몸이 좋지 않을 때 으레 그렇듯 밤새 잠만 잤다. 간간이 일어나 어디까지 왔는지 물었지만 매번 우울한 대답밖에 듣지 못했다. "아직 반도 안 왔습니다."

세찬 역풍이 불어닥쳤다. 선원들은 칼레가 힘들면 불로뉴에라도 데려다주겠노라 약속했다. 해안에서 두 시간만 가면 된다더니 몇 시간이 지나도 한참을 더 가야 하는 것 같았다. 폭풍우가 쏟아지는 붉은 수평선 아래로 달이 저물고 동이 트는 하늘에서 번개가 하얗게 번쩍였다.

바람에 맞서 천천히 나아가고 있을 때, 천둥을 동반한 돌풍이 별안간 돛을 때렸고 파도가 배를 덮쳤다. 선원들조차 우리 상황이 위험하다고 인정할 정도였지만 다행히 돛을 줄일 수 있었다. 그러다 바람이 바뀌었고 우리는 조금 약해진 강풍을 맞으며 칼레로 직행했다. 항구에 들어와 불편하게 잠이 들었다 깨어 보니 부두 위로 구름 한 점 없는 하늘에 붉은 태양이 커다랗게 떠올라 있었다.

프랑스

: 그림 같은 풍경들과 전쟁이 남기고 간 흔적들

나는 멀미와 피로 때문에 녹초가 된 몸을 이끌고 일행들과 백사장을 지나 호텔로 갔다. 내게 익숙지 않은 언어로 웅성거리며 뜻 모를 말을 하는 사람들의 목소리가 처음으로 귀에 들어왔다. 바다 건너의 사람들은 옷도 다르게 입었다. 여자들의 높은 모자와 짧은 재킷, 남자들의 귀걸이는 몹시도 낯선 풍경이었다. 여자들은 머리에 높은 보닛이나 화려한 장식을 얹고 그 아래로 머리카락을 전부 말아 올려 관자놀이와 뺨에 머리카락이 한 올도 흘러내리지 않았다. 하지만 칼레 사람들의 행동거지와 외모는 왠지 모를 매력으로 내게 호감을 주었다. 국가적인 차원으로 생각해 볼 수도 있을까. 에드워드 3세가 칼레를 점령했을 때 원래 살던 사람들을 쫓아내고 영국인들을 거의 모든 지역에 살게 했다는데, 안타깝게도 영국인의 매너는 찾아볼 수 없었다.

우리는 도착한 날은 물론이고 다음 날까지도 칼레에 머물렀다. 전날 밤 영국 세관에 짐을 맡겨야 했는데, 그날 정기선으로 도착할 예정이었던 짐이 역풍으로 밤에 도착했기 때문이다. S와 나는 외곽의 요새 사이를 거닐며 산책을 했다. 그곳의 들판에서는 건초를 말리고 있었다. 전원 같은 느낌이 참 좋았다.

7월 30일 오후 세 시경, 우리는 말 세 필이 끄는 카브리올레(접이식 지붕이 달린 이륜 마차 - 옮긴이)를 타고 칼레를 떠났다. 평생 깔끔한 영국식 마차와 마부만 본 사람의 눈에 이 마차의 생김새는 우스꽝스럽게 보였다. 카브리올레는 사륜 역마차와 비슷하지만 바퀴가 두 개뿐이다. 그러다 보니 옆문을 달 공간이 없어 앞을 내려 승객을 태운다. 나란히 세운 말들 중에 가장 큰 녀석을 가운데에 두고 나무 날개처럼 생긴 복잡한 마구를 어깨에 채워 강렬한 느낌을 더했다. 하네스는 밧줄로 만들었다. 긴 머리를 하나로 묶은 독특한 외모의 마부는 꼿꼿한 자세로 채찍을 휘둘러 덜컹거리는 마차를 앞으로 몰았다. 홀로 서 있는 늙은 양치기가 모자챙을 젖히고 지나가는 우리를 쳐다보았다.

 길은 좋았지만 극심한 더위로 무척이나 괴로웠다. 첫날 밤은 불로뉴에서 보냈는데, 그곳의 하녀는 보기와 달리 아주 싹싹했다. 우리는 프랑스 하인과 영국 하인의 차이점을 이때 처음으로 깨달았다. 영국 하인들은 고상한 체하지만 조금이라도 친숙해지면 무례하게 군다. 반면 프랑스 하인들은 신분이 낮아도 영국의 상류층 사람들처럼 차분하고 예의 바르다. 겉치레 없이 상대를 동등하게 대하니 무례해질 이유도 없다.

 밤에 이동할 수 있도록 말을 준비시켰지만 너무 피곤해 도저히 말을 탈 수 없었다. 마부는 말을 세워 두는 시간도 비용에 포함해야 한다고 주장했다. "아, 부인!" 하녀가 말했다. "생각해 보세요. 달콤한 잠을 빼앗긴 가엾은 말들에게 보상을 해줘야지요." 영국 하녀가 농담을 했다면 전혀 다른 의미였을 것이다.

 울타리가 없는 풍경이 우리 같은 영국인들에게는 특이하게 다가왔다. 들판에는 작물이 풍부하게 자라고 있었다. 파리의 이 지역에 포도밭은 없었다.

 여전히 무더위가 기승을 부렸고 이동하면서 내 건강은 점점 나빠졌다. 상황이 이렇다 보니 일행들도 지체 없이 서두르게 되었고 우리는 다음 날 밤까지 쉬지 않고 움직여 이튿날 두 시 무렵 파리에 도착했다.

　파리에는 길든 짧든 원하는 만큼 머물 수 있는 호텔이 없었다. 우리는 의무적으로 일주일간 호텔 방을 빌려야 했다. 비싼 숙박비를 치렀지만 방은 쾌적하지 않았다. 프랑스에서는 흔히 그렇듯 침실이 주된 공간이었다. 우리는 침대와 곁방이 딸려 있는 방 하나를 거실로 사용했다.

　날이 너무 더워 오후에나 겨우 산책을 할 수 있었다. 첫날 저녁에는 튀일리 정원을 거닐었다. 나무가 특정한 모양으로 다듬어져 있고 잔디밭은 없는 격조 높은 프랑스풍 정원이다. 개인적으로는 불바르의 풍경이 훨씬 만족스럽다. 파리를 둘러싼 이 거리는 길이가 12km에 달하고 폭이 넓으며 양쪽에 나무가 줄지어 서 있다. 한쪽 끝에 있는 폭포는 끊임없이 물을 튀기며 기분을 상쾌하게 만들어 준다. 근처에는 아름답게 조각된 생드니의 문이 있다. 이것도 3년 전이니, 이 글을 쓰고 있는 지금은 어떻게 변해 있을지 모르겠다. 프랑스를 정복한 자들이 나폴레옹의 전리품을 되찾는 데 만족하지 않고 자신들의 패배를 상징하는 기념비를 미개하고 야만스럽게 훼손하지는 않았을까. 나는 이 문의 위풍당당한 모습을 보고 로마의 위대함이 파리로 전해진 나날을 상상할 수 있었다.

　파리에서 지낸 지 일주일이 지났을 때 영국에서 소액의 돈을 보내 준 덕에 우리는 감옥처럼 지겨웠던 곳에서 해방될 수 있었다. 하지만 이제 어떻게 이동해야 할까? 무수한 계획을 논하고 버린 후, 우리는 별나지만 낭만적이라는 면에서는 마음에 쏙 드는 한 가지 방법을 선택했다. 영국에서 이렇게 했다가는 끊임없는 모욕과 비난을 받을 터였다. 그렇지만 프랑스인들은 주변 사람이 엉뚱하게 행동해도 훨씬 관대하게 받아들인다. 우리는 프랑스를 걸어서 여행하기로 했다. 그러나 나는 몸이 약해 오래 걷는 데 한계가 있고 동생도 하루에 S만큼 많이 걷지는 못하므로, 우리는 당나귀를 사서 여행 가방을 나르게 한 후 사람은 한 명씩 번갈아 타기로 했다.

그래서 8월 8일 월요일 오전, S와 C는 당나귀 시장에 가서 당나귀를 샀고 오후 네 시까지 여행을 시작할 준비를 하며 보냈다. 그러는 동안 호텔 여주인이 찾아와 우리 계획을 만류했다. 최근 대규모 군대가 해산하며 병사와 장교 들이 이 지역을 한가롭게 돌아다닌다며 "부인들은 분명 납치를 당할 것"이라고 했다. 하지만 우리는 설득에 넘어가지 않았고 필요한 물건만 챙긴 후 나머지 짐은 승합 마차로 보내고 호텔 앞에서 사륜 마차를 타고 출발했다. 작은 당나귀는 마차 뒤를 따랐다.

마차는 파리의 출입 관문을 지나고 난 뒤 돌려보냈다. 해질 녘이었고, 당나귀는 작고 가벼운 여행 가방 무게도 견디지 못했기에 우리 중 한 사람이라도 탔다가는 큰일 날 것 같았다. 하지만 우리는 갈 길이 멀지 않다고 생각했고 활기가 넘쳤다. 샤랑통에 도착한 것은 열 시 무렵이었다.

샤랑통은 나무가 우거진 센강의 기슭 사이를 구불거리며 지나는 계곡에 아름답게 자리했다. 이 풍경을 보고 C는 "아! 너무 아름다워. 이곳에 살았으면"이라고 외쳤다. C는 새로운 풍경을 볼 때마다 이렇게 감탄했고 점점 더 반응이 격해졌다. "샤랑통에 더 머물지 않아서 다행이야. 이곳에 살고 싶어."

당나귀의 쓸모가 다했다는 사실을 깨닫고 더 나아가기 전에 당나귀를 팔고 10나폴레옹에 노새를 샀다. 우리는 아홉 시쯤 출발했고, 검은 비단 옷을 입고 있었다. 내가 먼저 여행 가방을 짊어진 노새를 탔다. S와 C는 음식 바구니를 들고 뒤를 따랐다. 한 시경 그로 부아에 도착한 우리는 나무 그늘 아래에서 빵과 과일을 먹고 와인을 마시며 돈키호테와 산초를 생각했다.

우리가 통과한 지역은 경작이 잘 되어 있었지만 흥미롭게 느껴지지는 않았다. 지평선은 황금빛 작물이 춤을 추는 들판의 경계를 벗어나는 일이 거의 없었다. 지나가는 사람들이 여럿 있었지만 색다른 방식으로 이동하는 우리를 보고도 궁금해하거나 말을 건넬 생각은 없는 듯했다. 이날 밤은 기뉴에서 보냈다. 지난 전쟁 때 나폴레옹과 장군들이 이 방에서 이 침대를 썼다고 한다. 여관의 주인이자 체구가 작은 노부인은 신이 나 이야기를 들려주며, 다른 시기에 이 길을 지났던 조제핀 황후와 마리 루이즈에 대해서도 따뜻한 찬사를 보냈다.

여행을 하며 처음으로 우리의 관심을 끈 곳은 프로뱅이었다. 우리는 프로뱅에서 하룻밤 묵기로 했고 해가 질 무렵 그곳에 이르렀다. 언덕 꼭대기에 오르니 아래 계곡에 자리한 마을의 전경이 내다보였다. 한쪽에 바위 언덕이 불쑥 솟았고 그 위에 거대한 벽과 탑이 있는 성채가 파괴된 채로 서 있었다. 아래 더 먼 곳으로 대성당이 보였다. 모든 풍경이 한 폭의 그림 같았다. 이틀 동안 눈에 담을 것 하나 없는 지역만 지나다 불규칙적이고 아름다운 전원을 다시 보니 눈의 피로가 기분 좋게 해소되었다. 프로뱅에서 비록 형편없는 식사를 하고 불편한 침대에서 잠을 잤지만 경치를 떠올리면 만족스럽고 행복해졌다.

이제 보이는 풍경들은 우리가 까맣게 잊을 뻔했던 사실을 상기시켜 주었다. 프랑스가 최근 엄청나게 큰 사건(나폴레옹전쟁 시, 러시아와의 전쟁에서 퇴각하던 프랑스군을 코사크가 공격한 사건을 말한다 - 옮긴이)을 겪은 나라라는 사실 말이다. 우리가 다음 날 정오에 도착한 노장이라는 마을은 코사크(우크라이나 일대와 러시아 서남부 지역에 분포한 군사 집단이다 - 옮긴이)에 의

해 완전히 폐허로 변해 있었다. 이 야만인들은 전진하는 동안 그야말로 모든 것을 파괴했다. 모스코바와 파괴된 러시아 마을들을 기억했던 것일까. 하지만 지금 우리가 있는 곳은 프랑스였다. 집이 불타고 가축이 도살당하고 전 재산을 잃은 마을 사람들의 고통을 보고 있노라니 전쟁에 대한 혐오가 살아났다. 교만한 인간이 같은 인간에게 퍼뜨린 역병으로 망가지고 쇠약해진 나라를 여행해 보지 않았다면 느끼지 못할 감정이었다.

우리는 노장을 떠나자마자 대로에서 벗어났고 트루아를 향해 시골 지역을 가로질렀다. 저녁 6시경에는 숲에 둘러싸인 아름다운 마을인 생 오뱅에 도착했다. 하지만 가까이 가 보니 지붕이 없고 서까래가 검게 탄 집들뿐이었다. 벽도 다 허물어진 상태였다. 마을에 남아 있는 주민은 몇 명 없었다. 우유를 부탁했지만 그들은 줄 수 있는 우유를 갖고 있지 않았다. 코사크가 젖소를 전부 잡아 갔다고 했다. 그래서 그날 밤 몇 리그(1리그는 마차역과 마차역 사이의 거리로 4km가량이다 - 옮긴이)를 더 갈 수밖에 없었는데 알고 보니 이곳 사람들은 '리그'라는 단위를 자기들만의 기준에 맞추어 사용하고 있었다. 실제 거리를 따져 보니 우리가 예상한 거리와 거의 두 배나 차이가 났다. 도로는 평평한 불모지에 나 있었다. 밤이 다가오자 우리의 유일한 길잡이인 바퀏자국을 놓칠 위험이 닥쳤다. 밤이 깊어지며 길 위의 흔적은 모두 사라졌다. 그래도 희미하게 보이는 나무 몇 그루가 마을의 위치를 알려주는 듯했다. 열 시쯤 트루아 메종이라는 작은 마을에 도착한 우리는 우유와 사워브레드로 저녁 식사를 하고 불편하기 짝이 없는 침대에 누웠다. 그러나 나태한 자가 아니라면 잠을 거부할 수 없는 법. 짚단에 시트 하나를 펼친 것 같은 침대였지만 워낙 피곤한 하루를 보낸 후라 아침이 올 때까지 푹 잤다.

S가 전날 발목을 심하게 다쳐 다음 날은 하루 종일 노새를 타고 이동할 수밖에 없었다. 그때 우리가 지난 길보다 황량하고 척박한 길은 또 없으리라. 백악질의 땅에는 풀조차 자라지 않았고 어떻게든 경작을 시도한 곳에서는 떨어진 옥수수 이삭이 토양의 척박함을 그대로 보여 주었다. 바닥 색과 같은 하얀색 벌레 수천 마리가 길에 우글거렸다. 구름 한 점 없는 하늘에서 태양이 우리에게 쏜 빛은 땅을 치고 반사되었다. 나는 더워서 기절할 것만 같았다. 저 멀리 마을 하나가 나타났고 우리는 드디어 쉴 수 있다며 기뻐했다. 기운이 솟아 앞으로 나아갔지만 도착한 마을은 처참한 환경으로 쉴 곳도 거의 없었다. 한때는 사람이 많이 사는 큰 마을이었지만 지금은 달랐다. 집에는 지붕이 없었고 사방에 잔해만 흩어져 있었다. 정원은 파괴된 집의 먼지를 하얗게 뒤집어썼다. 검게 탄 기둥이며, 주민들의 초라한 행색이며, 어디를 봐도 우울한 폐허의

모습이었다. 우리는 그나마 하나 남은 카바레에서 우유, 신선하지 않는 베이컨, 사워브레드, 채소를 조금을 얻었고 이 재료로 직접 요리를 해 먹어야 했다.

보기만 해도 식욕이 달아나는 곳에서 저녁을 준비하는 동안 마을 사람들이 우리 주위로 몰려들었다. 몸은 흙먼지로 더러웠고 얼굴에는 거칠고 거북스러운 표정밖에 없었다. 이 사람들은 자기들만의 세계로 분리되어 이 세상에 무슨 일이 일어나는지 전혀 모르는 듯했다. 프랑스는 영국에 비해 마을과 마을 사이의 교류가 적었다. 아무래도 여권을 사용하기 때문인 것 같다. 이 마을 사람들은 나폴레옹의 퇴위 사실도 모를뿐더러, 왜 집을 다시 짓지 않느냐고 묻자 코사크가 돌아와 다시 파괴할까 봐 두렵다고 대답했다. 살면서 에슈민(이 마을 이름이다)처럼 불쾌한 곳은 처음 보았다.

같은 길로 8km를 더 가니 파비용이라는 마을이 나왔다. 이곳은 에슈민과 너무 달라 마치 지구 반대편에 온 기분이었다. 어디를 가도 청결하고 친절했다. 거의 모든 집이 파괴되었지만 주민들은 열심히 재건 작업을 하는 중이었다. 대체 어디에서 이렇게 큰 차이가 오는 것일까?

길은 여전히 경작되지 않은 땅에 펼쳐져 있었고, 가시덤불이나 키 작은 관목 같은 장식 하나 없는 하얀 불모지만 보고 있자니 눈이 피로해졌다. 저녁 무렵에는 작은 포도나무 농장에 이르렀다. 리비아의 사막에서 신록의 섬을 만난 듯했지만 아직 포도가 익을 시기는 아니었다. S는 이제 걸을 수도 없었고 C와 나도 매우 지친 상태로 트루아에 도착했다.

우리는 이곳에서 하룻밤을 쉬었고, 이제 어떤 방식으로 이동할지 종일 고민하며 다음 날을 보냈다. S의 염좌 때문에 걸어서 갈 수는 없었다. 그래서 우리는 노새를 팔고 바퀴가 네 개 달린 개방 마차를 5나폴레옹에 샀다. 추가로 8나폴레옹을 써서 노새를 가진 남자를 한 명 고용하고 엿새 안에 뇌샤텔까지 데려다 달라고 했다.

트루아의 교외 지역은 초토화되었고 트루아 자체도 지저분하고 매력적이지 않았다. S와 C가 마차와 노새를 마련하고 트루아의 대성당을 구경하는 동안 나는 여관에 남아 일기를 썼다.

우리는 다음 날 아침 뇌샤텔로 출발했다. 트루아를 떠나 프랑스인 특유의 허세를 보게 된 사건이 있었다. 마부가 주변 평야를 가리키며 이곳이 러시아와 프랑스의 전투 현장이었다고 말했다.

"러시아가 승리한 전투 말인가요?"

"그럴 리가요, 부인." 마부가 대답했다. "프랑스에 패배는 없습니다."

우리는 물었다. "그런데 러시아군은 어떻게 금세 트루아에 진입한 거죠?"

"아, 놈들은 패배하고 나서 우회로를 지나 들어왔습니다."

우리는 방되브르라는 쾌적한 마을에서 정오 무렵 몇 시간 휴식을 취했다. 귀족 소유의 땅을 거닐었는데 영국풍으로 만든 정원의 끝에는 예쁜 숲이 있었다. 고국을 떠올리게 하는 풍경이었다. 방되브르를 벗어나자 지형이 갑자기 바뀌었다. 포도밭으로 가득했고 중간중간 나무가 서 있는 가파른 언덕이 좁은 계곡과 그 사이를 흐르는 오브강을 에워쌌다. 푸른 초원, 포플러와 흰버들 숲, 코사크가 아직 건드리지 않은 마을 교회의 첨탑도 여기저기서 풍경을 채웠다. 경치가 낭만적인 장소들은 대부분 전쟁으로 폐허가 된 마을들이었다.

저녁에는 바르쉬르오브에 도착했다. 언덕이 갑자기 끊기고 계곡이 시작되는 지점에 위치한 아름다운 마을이었다. 그중 가장 높은 언덕에 오르기 시작했지만 정상에 다가가지도 못했을 때 사방에 안개가 깔리더니 빗방울이 떨어졌다. 우리는 여관에 도착하기도 전에 온몸이 젖어 버렸다. 저녁 시간이었고 구름이 잔뜩 깔린 하늘은 한밤중만큼이나 캄캄했다. 하지만 서쪽에서는 갈라진 안개 사이로 그 어느 때보다 찬란하게 붉은빛이 타올라 우리의 작은 탐험에 즐거움을 더했다. 고요한 강에 오두막들의 불빛이 반사되었고 그 뒤로 희미하게 보이는 짙은 언덕들은 험하고 광대한 산맥과도 같았다.

바르쉬르오브를 나서며 언덕들과도 잠시 작별 인사를 했다. 우리는 쇼몽, 랑그르(언덕 위에 위치해 고대의 요새에 둘러싸였다), 샹플리트, 그레를 거치며 거의 사흘 동안 평원을 지났다. 여기부터는 완만하게 오르내리는 지형이 나와 끝없는 평원에 질린 눈을 달래 주었지만 그 외에 특별한 점은 보이지 않았다. 부드럽게 흐르는 강이 평원을 가로질렀고 나무 몇 그루가 강기슭을 장식했다. 강물 위로는 예쁘게 생긴 여름벌레들이 뛰어다녔다. 셋째 날, 바르쉬르오브를 떠나고 처음으로 비가 왔다. 우리는 금세 흠뻑 젖었고 다행히 작은 여관이 있어 몸을 말리기 위해 들어갔다. 그곳에서는 엄청난 박대를 받았다. 빗물을 뚝뚝 떨어뜨리며 들어온 손님들을 보고도 불 앞에 모인 사람들은 자리를 비켜 줄 마음이 없는 듯했다. 하지만 오후가 되며 날이 갰고 우리는 여섯 시경 브장송에 도착했다.

하루 종일 산이 저 멀리 우리 눈앞에 서 있었다. 그 모습을 보며 천천히 다가가고 있었지만 이 도시의 관문을 통과한 후 마주하게 될 풍경까지는 미처 예상하지 못했다. 장벽을 지나자 낭떠러지 아래에 구불구불 이어진 길이 나타났다. 반대쪽으로는 더 완만한 언덕과 시원한 강, 그 사이를 가로지르는 푸르른 계곡이 보였다. 우리 앞에는 포도나무와 바위로 뒤덮인, 저마다 다르게 생긴 언덕들의 분지가 자리했다. 도시의 마지막 관문 한쪽에는 가파른 암벽이 솟아 도로로 튀어나와 있었다.

이 길로 산을 오르니 환상적인 풍경이 펼쳐졌다. 우리의 마부는 사정이 달랐다. 트루아의 평원 출신인 그는 높은 언덕에 완전히 겁을 먹고 거의 이성을 잃었다. 우리는 굽이치는 계곡을 지나 계곡 끝에 있는 산을 오르기 시작했다. 마차를 두고 등산을 하며 새로운 풍경이 나타날 때마다 기쁨을 만끽했다.

2km 넘게 걸어 산을 오르고 보니 마부가 더러운 여관 앞에 서서 노새를 마차에서 풀어내고 있었다. 그러고는 모르라는 이 끔찍한 마을에서 밤을 보낼 것이라고 고집을 부렸다. 우리는 항복할 수밖에 없었다. 아무리 재촉해도 들으려 하지 않고 우리의 항의에 이 말밖에 하지 않았기 때문이다. "안 돼요 Je ne puis pas."

침대가 얼마나 불편하게 생겼던지 거기서 잠을 자겠다는 생각조차 들지 않았다. 방도 하나밖에 구할 수 없었고 여관 주인은 마부도 같은 방을 써야 한다고 우리를 설득했다. 그래도 상관없었다. 어차피 침대에 들어가지 않기로 결심했으니까. 저녁 날씨는 괜찮았다. 비가 내린 직후라 공기에 달콤한 향기가 가득했다. 우리는 마을을 내려다보는 언덕의 바위에 올라가 해가 지고 나서야 돌아왔다. 부엌의 장작불 옆에서 비참하게 밤을 보냈다. 쪽잠이라도 자고 싶었지만 도통 잠이 오지 않았다. 우리는 새벽 세 시에 다시 길을 나섰다.

브장송을 에워싼 언덕들 중 한 언덕의 정상에 이르렀다. 봉우리 하나에서 내려다보니 물결치는 하얀 안개가 계곡 전체를 뒤덮고 있었다. 안개 위에서는 소나무 산이 꼭 섬처럼 보였다. 해가 막 떠오른 시각이었고 한 줄기 붉은빛이 오르내리는 안개의 파도에 닿았다. 태양의 반대편인 서쪽을 보니 빛에 밀려난 안개가 바위에 부딪혀 거대한 거품 같은 구름 덩어리를 형성하고는 멀리 사라져 양털 구름이 깔린 하늘에 색을 더하고 있었다.

마부는 노에라는 마을에서 두 시간만 있다 가자고 고집했다. 하지만 우리는 그곳에서 저녁 식사를 구할 수 없어 다음 역으로 가기를 원했다. 앞에서도 말했지만 마부는 높은 언덕을 두려워했고 계속 툴툴대며 도무지 말을 듣지 않으려 했다. 마부가 기다리는 동안 우리는 인근 숲으로 산책을 나갔다. 보기 좋은 숲이었다. 이끼가 아름다운 카펫처럼 바닥을 덮었고 곳곳에 바위가 튀어나와 있었으며 바위틈에서 어린 소나무가 뿌리를 내리고 가지를 뻗어 그늘을 만들어 주었다. 한낮의 더위가 강렬했지만 다행히 이 사랑스러운 숲의 그늘 속에 몸을 피할 수 있었다.

마을로 돌아온 우리는 마부가 길에서 만나자며 한 시간도 전에 떠났다는 충격적인 소식을 들었다. S가 발목의 염좌 때문에 오래 움직일 수 없지만 달리 방법이 없었다. 우리는 7km도 넘게 떨어진 여인숙 메종 뇌브로 걸어가기 시작했다.

메종 뇌브에 도착하니 마부는 퐁탈리에에 먼저 가 있겠다는 말을 남기고 떠난 후였다. 우리가 24km 정도 떨어진 프랑스의 국경 도시 퐁탈리에에 그날 밤 도착하지 않는다면 여관에 마차를 두고 노새와 함께 트루아로 돌아가겠다는 말도 덧붙였다. 메시지를 받고 경악한 우리를 여관의 급사 소년이 위로하며 말했다. 마차가 다니지 못하는 샛길로 말을 타고 가면 얼마든지 마부를 추월해 도망가는 것을 막을 수 있다고. 그래서 우리는 소년을 보내고 천천히 걸어서 뒤를 따랐다. 다음 여관에서 저녁 식사를 기다리고 있을 때 약 두 시간 만에 소년이 돌아왔다. 아이는 8km를 더 가면 나오는 여인숙에서 우리를 기다리겠다는 마부의 약속을 전했다. S의 발목 통증이 한층 더 심해졌지만 마차를 구할 수 없었고 해가 거의 진 시간이라 우리는 걸음을 재촉해야만 했다. 더없이 아름다운 저녁이었고 눈앞의 풍경은 피로를 잊게 할 만큼 훌륭했다. 석양에 걸린 초승달이 소나무로 덮인 산과 그 안의 깊은 계곡 위로 검붉은빛을 뿌렸다. 숲속의 아름다운 들판에는 그림 같은 나무들이 여기저기 서 있었고, 짙은 소나무는 우리가 걷는 길에 그림자를 드리웠다.

 두 시간 정도 이동해 약속 지점에 도착했지만 그곳에 마부는 없었다. 소년과 헤어진 후에도 계속 퐁탈리에로 나아간 것이다. 그래도 우리는 조잡한 수레처럼 생긴 마차를 빌려 타고 밤늦게 퐁탈리에에 도착할 수 있었다. 그곳에서 만난 마부는 횡설수설하며 거짓된 변명만 수없이 늘어놓았다. 그날의 모험은 그렇게 끝났다.

스위스

: 뱃바람을 맞으며

프랑스 국경을 넘어 스위스로 들어서면 양쪽 나라의 놀라운 차이점을 관찰할 수 있다. 스위스의 오두막은 프랑스와 비교해 훨씬 청결하고 깔끔하며, 주민들도 그와 같은 대조를 이룬다. 스위스 여자들은 흰 리넨을 즐겨 입고 옷은 항상 더러움 없이 깨끗하다. 이러한 청결함은 종교 차이에서 온다. 독일의 여행자들도 같은 말을 한다. 불과 몇 킬로미터 거리인데도 개신교 마을과 기독교 마을이 이처럼 다르다고.

이날 여행하며 본 풍경은 눈부시게 아름다웠다. 소나무가 울창한 산, 황량한 바위, 푸른 초목의 모습은 상상 그 이상이었다. 우리는 소나무로 뒤덮여 우뚝 솟은 바위 사이로 4km

가까이 내려왔다. 곳곳에는 짧은 잔디가 자라 있었고 부드럽고 아름답게 녹음이 우거진 숲속의 목초지가 보였다. 그렇게 도착한 마을이 생 쉴피스였다.

노새가 발을 심하게 절기 시작했고 마부도 불성실해 우리는 남은 길을 말로 이동하기로 했다. 마부는 우리 행동을 예상하고 자신의 의도를 분명히 드러냈다. 우리를 이 마을에 두고 가기로 결심하고 수작을 부린 것이다. 이번에 새로 고용한 남자는 스위스인으로 조금 더 나은 계급의 마을 주민이었다. 그는 자신의 조국과 산들을 자랑스럽게 여겼다. 숲속에 흩어져 있는 빈터를 가리키며 무척이나 아름답고 훌륭한 목초지라고 설명했다. 소가 잘 자라 양질의 우유를 생산하고 그 우유로 세계에서 제일가는 치즈와 버터가 만들어진다고 했다.

생 쉴피스를 지나자 더 높고 아름다운 산들이 나타났다. 우리는 숲으로 옷을 입은 두 산맥 사이의 좁은 계곡을 지났다. 그 아래에서는 강이 흘렀고 좁은 강바닥 양옆에서 계곡의 경계가 가파르게 솟구쳐 올라갔다. 한쪽에 서 있는 산의 절반 높이까지 길이 이어졌고, 위에는 바위가 튀어나와 있었다. 아래에 거대한 소나무와 강이 있었지만 눈에 보이기보다는 하늘에서 쏟아지는 빛에 반사된 모습으로 훨씬 더 아래에서 존재감을 드러냈다. 이 아름다운 계곡은 산과 산의 간격이 너무 좁아 프랑스와 전쟁을 치르던 시기에는 그 사이에 쇠사슬을

걸 정도였다. 우리는 뇌샤텔과 8km 떨어진 거리에서 알프스를 보았다. 앞뒤로 겹겹이 펼쳐지는 검은 산맥의 뒤편에서 눈 쌓인 알프스가 모든 풍경을 압도하며 우뚝 서 있었다. 160km는 훌쩍 넘게 떨어져 있었지만 하늘로 얼마나 높이 솟았던지 여름이면 지평선에 모여드는 새하얀 구름 뭉치처럼 보였다. 그 광대함은 상상을 뒤흔들고 모든 관념을 초월했다. 실제로 이 땅의 일부라는 사실을 좀처럼 믿기 힘들었다.

여기서부터는 산과 거대한 호수 사이의 좁은 평원에 있는 뇌샤텔로 내려갔는데, 특별히 흥미를 불러일으키는 풍경은 없었다.

다음 날에는 이 마을에 머물며 앞으로 어떻게 나아가면 좋을지 곰곰이 생각했다. 파리에서 가져온 돈은 거의 다 썼지만 이 도시의 은행가 한 명에게 은화 38파운드를 더 저렴한 가격으로 얻을 수 있었다. 우리는 이 돈을 이용해 낭만적이고 흥미로운 우리 호수로 가서 조용하고 평온히 지낼 수 있는 오두막을 구하면 좋겠다고 이야기했다. 깨닫고 보니 필요한 돈이 없어 영국으로 돌아가야 하는 신세만 아니면 그렇게 지내는 것이 우리의 꿈이었다.

S가 우체국에서 만난 한 스위스인은 친절하게도 우리 일에 관심을 보이고 루체른행 마차를 구할 수 있게 도와주었다.

43

루체른은 같은 이름을 한 호수 근처의 중심 도시인데, 루체른 호수와 우리 호수가 연결되어 있다. 이곳까지 가는 데는 이틀 이상이 걸렸다. 평평한 지형의 풍경은 따분했고 간혹 신성한 알프스를 엿볼 수 있다는 점을 빼고는 흥미로운 부분이 전혀 없었다. 루체른은 그보다 나은 듯했다. 우리는 도착하자마자 (8월 23일) 배를 빌리고 지낼 만한 곳을 만날 때까지 호수 가장자리를 따라 이동하자고 했다. 어쩌면 알토르프까지 가서 생코타르산을 넘고 기후가 더 온화한 알프스 남쪽 지대로 갈 수도 있지 않을까. 그곳은 황량한 북쪽 지역에 비해 공기가 더 좋고, 건강이 좋지 않은 S에게 날씨도 잘 맞을 터였다. 루체른 호수는 강물에서 불쑥 솟은 고산들에 사방이 에워싸였다. 때로는 벌거벗은 암벽이 수직으로 깎아지르듯 내려와 호수 위에 검은 그림자를 드리웠다. 울창한 숲으로 산이 뒤덮이는 때도 있었다. 나무가 뿌리를 내린 틈 주변의 갈색 바위들도 짙은 나뭇잎 사이로 보였다. 숲 가운데 자리한 빈터는 잘 경작된 듯했고 숲속의 오두막들도 빼꼼 모습을 드러냈다. 식물이 무성하고 이끼가 잔뜩 낀 바위섬과 구부러진 나무도 호수 위에 흩어져 있었다. 그리고 형편없는 솜씨로 만들어진 성인의 밀랍 인형이 대부분의 섬을 장식했다.

호수는 동쪽에서 서쪽으로 뻗어 나가다 수직으로 방향을 틀어 북쪽에서 남쪽으로 내려가는데, 여기에 우리 호수라는 이름을 붙여 따로 구분한다. 루체른 호수에 해당하는 부분은 양쪽 땅이 서로 닿을 것처럼 돌출되어 중간에서 거의 분리되고, 바위로 울퉁불퉁한 측면은 우리가 통과하는 좁은 길에 짙은 그림자를 드리운다. 남쪽에서 호수를 감싸 안은 산들의 정상은 영원히 녹지 않는 빙하로 뒤덮였다. 그중 브루넨 맞은편에 있는 산봉우리에는 한 사제와 연인의 이야기가 전해진다. 박해를 피해 도망친 이들은 눈 덮인 산기슭의 오두막에 살았다. 어느 겨울 밤 눈사태가 집을 덮쳤는데, 지금도 폭풍우가 치는 밤이면 농민들에게 도와 달라 외치는 목소리가 들린다고 한다.

호수 북쪽의 뾰족한 모퉁이에 자리한 브루넨은 루체른 호수의 끝자락을 형성한다. 우리는 이 마을에서 하룻밤을 쉬며 사공을 돌려보냈다. 이곳에서는 더없이 웅장한 경치를 바라볼 수 있었다. 높은 산이 우리를 에워싸고 호수를 검게 물들였다. 저 멀리 우리 호수의 기슭에 빌헬름 텔의 예배당도 보였다. 이곳은 텔이 잔혹한 영주의 지배를 전복하기 위한 계획을 완성한 마을이었다. 실제로 이 아름다운 호수와 장엄한 산, 황량한 숲은 고귀한 모험과 영웅적인 행동을 갈망하는 정신을 길러 내는 요람으로 느껴졌다. 하지만 현재 이곳에 사는 사람들에게서는 텔의 기개를 엿볼 수 없었다. 당시에 가졌던 생각을 경험으로 확인한바, 스위스인들은 이해와 행동이 느

리다. 하지만 기질은 노예 생활에 적합하지 않다. 자유를 침해하려는 세력이 있다면 그들은 반드시 용감하게 맞서리라.

그런 생각을 하며 우리는 저녁 늦게까지 호숫가에서 대화를 하고 불어오는 바람을 즐기고 우리를 둘러싼 신성한 대상들이 주는 절묘한 기쁨으로 사색했다.

다음 날은 우리가 처한 상황을 곱씹으며 주변 풍경을 바라보며 하루를 보냈다. 사나운 남풍 vent d'Italie이 호수를 할퀴고 거대한 물결을 일으켰다. 하늘 높이 소용돌이 쳐 솟구친 물은 폭우처럼 다시 호수 위로 떨어졌다. 하루 종일 계속되던 소란은 저녁이 되어서야 가라앉았다. S와 나는 호숫가를 거닐다 엉성하게 만든 부두에 앉아 타키투스가 쓴 예루살렘 공성전 이야기를 소리 내어 읽었다.

그동안 숙소를 찾기 위해 부단히 노력했지만 샤토라고 하는 커다랗고 흉측한 집에서 가구 없는 방 두 개만을 겨우 구할 수 있었다. 월세 1기니를 치르고 침대를 들인 후 다음 날부터 그곳에 묵었다. 하지만 편안함이나 편리함이라고는 찾아볼 수 없는 끔찍한 숙소였다. 음식을 구하는 것도 어려웠다. 춥고 비가 와 불을 피워 달라 요청하자 숙소 측에서는 방의 한쪽 구석을 다 차지하는 난로에 불을 붙여 주었다. 불이 타오르기까지 한참이 걸렸고, 뜨거워졌을 때는 열기가 너무

강해 질식하지 않으려 창문을 열어 젖혔다. 게다가 브루넨에는 프랑스어를 할 줄 아는 사람이 한 명뿐이었다. 스위스의 이 지역에서는 독일어를 사용했기 때문이다. 그래서 간단한 요구조차 쉽게 하지 못했다.

갑자기 닥친 불편한 상황들에 우리는 심각함을 느꼈다. 12월까지 우리가 확보했다고 할 수 있는 돈은 28파운드가 전부였다. 추가로 돈을 얻으려면 S가 반드시 런던에 있어야 했다. 어떻게 해야 할까? 이대로 가면 가진 돈이 금방 바닥날 터였다. 그래서 다양한 상황을 가늠하며 토론한 끝에 우리는 영국으로 돌아가기로 결심했다.

결심한 후에는 지체할 틈이 없었다. 우리가 저장한 식량도 점점 줄어들고 있었고 28파운드밖에 안 되는 돈으로 그렇게 먼 거리를 이동할 수 있을 것 같지 않았다. 파리에서 뇌샤텔로 프랑스를 횡단하는 데 60파운드가 들었다. 하지만 이제는 더 경제적인 수단을 택하기로 했다. 어디에서든 마차보다는 배가 저렴하고, 우리는 그 점에서 입지도 좋았다. 로이스강과 라인강을 이용하면 육지에서 4km를 이동하지 않아도 영국에 도착할 수 있었다. 우리는 계획을 세웠다. 1300km 남짓을 가야 하는데 이렇게 적은 돈으로 가능할까? 하지만 대안이 없었고, 우리가 가진 돈이 얼마나 적은지 정확히 아는 사람은 S뿐이었다.

다음 날 아침 루체른으로 출발했다. 초반에 폭우가 쏟아졌지만 루체른에 도착할 무렵에는 하늘이 맑게 갰고 햇살이 젖은 몸을 말려 주며 우리의 기운을 북돋았다. 우리는 마지막으로 한 번 더 이 아름다운 호수의 바위 기슭과 초목으로 덮인 길과 눈 쌓인 산을 바라보았다.

우리는 루체른에서 내려 다음 날까지 머무르다 그다음 날 아침(8월 28일) 정기 여객선(수상으로 이동하는 큰 마차 - 옮긴이)을 타고 라인강 유역에 있는 라우펜부르크로 출발했다. 거기서부터는 라인강의 폭포 때문에 같은 배로 나아가지 못해 갈아탔다. 이번에 같은 배를 탄 사람들은 하층민들로, 연신 담배를 뻑뻑 피워댔다. 낮에 휴식 차 육지에 내렸다가 배로 돌아와 보니 누군가 우리 자리를 차지하고 있었다. 그래서 다른 자리에 앉자 원래 그 자리에 있던 자들이 위협적으로 화를 내며 우리에게 비키라고 요구했다. 말을 알아듣지도 못하는 우리에게 난폭하고 무례하게 굴자 S가 발끈해 가장 앞에 있던 사람을 때려눕혔다. 상대는 주먹을 휘두르지 않았지만 계속 시끄럽게 소리를 질렀고 결국 사공이 와서 우리를 다른 자리로 안내했다.

로이스강은 유속이 굉장히 빨랐고 우리는 몇 개나 되는 폭포를 타고 내려갔다. 그중 하나는 높이가 무려 2m를 훌쩍 넘었다. 한순간 폭포의 꼭대기에 있다가 순식간에 바닥으로 떨어지고 그렇게 추진력을 받아 앞으로 나가는 감각은 환상적이었다. 론강은 푸른색이었고 로이스강은 진녹색이었다. 강의 바닥에 무언가 있지 않을까 생각했다. 강기슭과 하늘의 성질만으로는 이런 차이를 만들 수 없을 테니.

데팅겐에서 잠을 자고 다음 날 아침 라우펜부르크에 도착해 뭄프로 가는 작은 카누를 빌렸다. 왜 이 배를 카누라고 부르냐면, 이보다 대충 만든 배는 없기 때문이다. 몸체가 긴 데다 좁고 바닥은 평평했다. 칠도 하지 않은 길쭉한 판자를 못으로 대충 이어 붙인 것에 지나지 않았다. 게다가 틈으로 자꾸 물이 들어와 수시로 물을 퍼내야 했다. 강은 빠르고 세차게 흘렀고 강물로 아슬아슬하게 덮인 무수한 바위를 지나며 물결을 일으켰다. 조악한 배가 바위 사이의 소용돌이를 요리조리 피해 움직이는 모습은 어쩐지 섬뜩했다. 까딱 잘못해 바위를 스치기만 해도 목숨을 잃을 수 있었고, 배가 한쪽으로 살짝 기울어지기라도 했다가는 눈 깜짝할 새 전복될 수도 있었다.

뭄프에서 배를 구하지 못했지만 다행히 라인펠덴으로 돌아가는 카브리올레를 잡아 타는 행운을 얻었다. 하지만 행운이 오래가지는 않았다. 뭄프에서 4km 정도밖에 가지 못했을 때 마차가 망가져 걸어가야 했기 때문이다. 다행히 제대해 집으로 돌아가는 스위스 병사 몇 명이 우리를 앞질렀고 라인펠덴까지 우리 짐을 들어 주었다. 라인펠덴에 도착하니 4km쯤 더 가면 배를 빌릴 수 있는 마을이 나온다는 말을 들었다. 그 마을에서 약간의 어려움을 겪으며 바젤로 가는 배를 구했고 물살이 빠르게 흐르는 강을 타고 나아갔다. 저녁이 되자 공기가 스산하고 불쾌해졌다. 그래도 가는 길이 멀지는 않아서 저녁 여섯 시 무렵 목적지에 도착했다.

독일

: 어쩌면 지상에서 가장 아름다운 낙원

잠들기 전, S가 흥정에 성공해 우리를 마인츠로 데려다줄 배 한 척을 구했고, 우리는 다음 날 아침 스위스에 작별을 고하고 배에 올랐다. 실어 나를 상품으로 가득한 배였는데 점잖지 못하거나 무례한 태도로 우리의 평온을 깨뜨릴 승객들은 없었다. 앞에서 강한 바람이 불었지만 사공들이 가볍게 노를 저으니 배는 강물을 타고 나아갔다. 햇살이 기분 좋게 비추었고, S는 어머니(메리 울스턴크래프트)가 노르웨이에서 썼던 편지(작가·철학자·페미니스트이자 메리 셸리의 어머니 메리 울스턴크래프트 또한 1796년 스웨덴, 노르웨이, 덴마크에서 쓴 편지를 모아 출간했다 - 옮긴이)를 우리에게 소리 내어 읽어 주었다.

저녁에는 매력적이라고 할 수 있는 것을 별로 발견하지 못했다. 밤이 다가오자 지금껏 평평하고 재미없던 강기슭이 극도로 아름답게 변했다. 갑자기 강이 좁아지더니 배가 소나무로 덮인 바위 언덕의 아래를 돌아 상상할 수 없는 속도로 빠르게 움직였다. 강 쪽으로 튀어나온 어떤 언덕의 정상에는 창문까지도 황량한 분위기를 풍기는 탑이 폐허처럼 서 있었고, 그 너머에서 물결을 일으키는 강물에 산과 구름을 비추는 석양이 짙은 보랏빛을 뿌리고 있었다. 소용돌이치는 강물에 비치는 대비되는 찬란한 색들은 실로 처음 보는 장관이었다. 해가 지평선 아래로 떨어진 후 우리는 배에서 내려 아름다운 물굽이를 빙 둘러 여관까지 걸어갔다. 그러는 동안 성스럽고 위풍당당하게 떠오른 보름달은 이제껏 보라색으로 빛나던 물결에 은빛을 뿌리고 있었다.

다음 날 아침, 작은 카누를 타고 여행을 계속했지만 배가 움직일 때마다 위험이 동반되었다. 그래도 유속이 느려졌고 이제는 앞을 가로막는 바위도 없었다. 낮은 강기슭은 버들로 가득했다. 우리는 스트라스부르를 지났고, 다음 날 아침 작은 배는 위험하다며 정기 여객선으로 이동하는 것이 좋겠다는 말을 들었다.

우리 외에는 승객이 네 명 더 있었는데, 그중 셋은 스트라스부르 대학교 학생들이었다. 슈비츠는 제법 미남에다 성격

도 좋았고, 추남인 호프는 흉측한 동물처럼 지저분한 외모였다. 슈나이더는 바보에 가까워 친구들이 수도 없이 장난을 치며 그를 놀렸다. 다른 승객은 아기를 안은 여자였다.

경관은 심심했지만 우리는 청명한 날씨를 즐기며 탁 트인 배에서 편안하게 잠을 잤다. 강기슭에 특별히 눈이 가는 곳은 없었다. 만하임을 제외하면. 만하임은 놀랍도록 깨끗하고 쾌적한 도시였다. 강에서 만하임까지 약 1.6km쯤 이어진 길의 양쪽에는 아카시아가 아름답게 피어 있었다. 목적지에 거의 다다랐을 때는 배가 육지 아래에 바짝 붙어 움직였다. 급류를 타고 있었지만 앞에서 바람이 너무 거세게 불어 좀처럼 나아갈 수 없었다. 자연히 이런 말을 들었다. 카누를 버리고 이 배로 갈아타기로 한 선택에 감사해야 한다고. 강의 폭이 굉장히 넓었고 바람에 커다란 물결이 일었기 때문이다. 같은 날 아침 열다섯 명을 태운 배가 강을 건너려다 한가운데서 뒤집혀 탑승객 전원이 사망했다고 한다. 우리는 뒤집힌 채로 둥둥 떠서 강을 따라 움직이는 배를 보았다. 울적한 모습이었다. 하지만 사공은 기도 차지 않는 말을 했다. 우리가 무슨 일이냐고 묻자 그는 이렇게 대답했다. "그냥 배가 뒤집힌 겁니다. 그냥 모든 사람이 익사했을 뿐이에요."

마인츠는 독일에서 가장 강력한 방어 조건을 갖춘 도시다. 넓고 유속이 빠른 강이 동쪽을 지키고, 반경 12km쯤에 자리한 언덕들은 요새가 있음을 보여 준다. 도시 자체는 허름했고, 좁은 길과 높은 집이 특징이었다. 대성당과 탑들은 혁명 전쟁 시절 포탄을 맞았던 흔적을 아직도 간직하고 있다.

우리는 쾰른행 정기 여객선에 자리를 잡았고 다음 날 아침 (9월 4일) 출발했다. 이 정기 여객선은 지금까지 본 배들보다 영국의 무역선과 훨씬 더 비슷하게 생겼다. 선실과 높은 갑판까지 있는 증기선의 형태였다. 다른 승객들은 대부분 선실에 남아 있었다. 우리로서는 다행이었다. 같은 배를 탄 독일인 하층민들이 담배를 피우고 술을 마셔대며 이루 말할 수 없는 불쾌감을 주었기 때문이다. 비틀거리며 시끄럽게 떠들었고 서로 입을 맞추는 모습이 우리 영국인들의 눈에는 이상해 보였다. 하지만 그보다 높은 계급으로 교양과 예의를 갖춘 상인도 두세 명 있었다.

우리가 지금 미끄러져 내려가는 라인강의 유역은 바이런 경의 〈차일드 해럴드의 순례〉 제3편에서 아름답게 묘사한 바로 그곳이다. 우리는 빛나는 언어와 따뜻한 상상력을 절묘하게 더해 그림처럼 선명하고 생생하게 표현한 아름다운 풍경이 눈앞에 펼쳐지는 광경을 보며 기쁨에 차서 시를 읽었다. 위험할 정도의 급류를 타고 내려가며 보니 양쪽에는 포도밭과 숲으로 뒤덮인 언덕이, 꼭대기에는 황량한 탑이 서 있는 암벽이 있었다. 숲이 우거진 섬에서는 그림같이 아름다운 폐허가 나뭇잎 사이로 고개를 빼꼼 내밀고 거칠게 물결치는 강물에 그림자를 드리운다. 거칠게 물결치는 강물은 그림자의 형태를 바꾸지는 않지만 일그러뜨린다. 우리는 포도 수확자들의 노랫소리를 들었다. 불쾌한 독일인들에 둘러싸여 있지만 않았어도 이 광경이 내 가슴을 즐거움으로 가득 채웠을 것이다. 그래도 전체적인 그림에서 불유쾌한 부분을 걷어 낸다면 이 기억은 지금 지나는 라인강을 지상에서 가장 아름다운 낙원으로 머릿속에 보여 줄 것이다.

우리는 풍경을 여유롭게 즐길 시간이 충분했다. 사공들이 따로 노를 젓거나 배를 조종하지 않아 선체가 자연스럽게 강물을 타고 내려갔고 그러면서 빙글빙글 돌았다.

여행하며 만난 독일인들을 안 좋게 이야기했지만 이 국경 마을 사람들에 대해서는 제대로 기록해야겠다. 우리는 아름다운 여자를 이곳의 한 여관에서 처음으로 보았다. 그녀는 내가 상상하는 전형적인 독일 미인이었다. 회색 눈동자는 희미하게 갈색으로 빛났고 표정도 굉장히 예쁘고 담백했다. 열병에서 회복한 지 얼마 되지 않았다던데, 병약해 보이는 기운이 매력을 더했다.

이튿날 라인강 주변의 언덕을 떠난 우리는 앞으로 네덜란드의 평원을 느릿느릿 지나야 한다는 사실을 알게 되었다. 강의 굴곡이 심해 우리가 지금 얼마나 가지고 있는지 계산한 후

육상 합승 마차를 타고 여행을 마무리하기로 했다. 우리가 탄 배는 그날 밤 본에 남았고, 우리는 같은 날 밤 지체 없이 마차를 타고 밤늦게 쾰른에 도착했다. 독일 마차들의 이동 속도는 시속 3km를 넘는 법이 없었기 때문이다.

쾰른은 무척이나 큰 도시처럼 보였다. 우리는 많은 거리를 지나 여관에 도착했다. 자기 전에는 다음 날 아침 클레베로 출발할 합승 마차에 자리를 예약했다.

이 세상에 독일의 합승 마차만큼 끔찍한 이동 수단이 있을까. 마차 자체도 어설프게 만들어 불편하고, 천천히 움직이는데다 멈추기도 자주 멈춰 이러다 영영 목적지에 도착하지 못할 것만 같았다. 두 시간 동안 저녁을 먹고 오라더니 마차를 교체한다는 이유로 두 시간을 더 허비했다. 그때 합승 마차가 공간에 비해 타려는 사람이 많으니 카브리올레를 타고 가면 어떻겠냐는 제안을 받았다. 우리는 즉각 찬성했다. 카브리올레라면 무거운 합승 마차보다 빠르게 이동할 수 있을 터였다. 하지만 빨리 가 달라는 요청은 받아들여지지 않았고, 우리는 밤새 덜커덩거리며 육중하기만 한 마차 꽁무니를 쫓아가야 했다. 아침이 되어서야 멈췄고 잠시지만 클레베에 도착했다는 희망에 부풀었다. 클레베는 어젯밤 출발한 역에서 20km도 넘게 떨어져 있었다. 하지만 우리는 일고여덟 시간 동안 12km 정도밖에 오지 못했고 여기서 13km 정도 더 가야 했다. 이 역에서 일단 세 시간을 쉬었지만 아침 식사를 구하거나 편의 시설을 이용할 수는 없었다. 그러다 여덟 시쯤 다시 출발해 편안함과 거리가 먼 길을 다시 천천히 움직였고 정오 무렵 배고프고 힘들어서 기절할 것 같은 기분으로 클레베에 도착했다.

네덜란드

: 가장 경제적인 모험의 끝에서

합승 마차의 느린 속도에 지쳐 남은 여정에서는 마차를 바꿔 타기로 했다. 하지만 독일을 떠난 뒤로 영국의 사륜 역마차와 비슷한 속도로 이동하고 있어 바꾼 보람이 없었다. 지형이 굴곡이라고는 하나도 없이 평평했고 도로에 모래가 가득해 말들이 쉽게 나아가지 못했다. 이곳의 볼거리는 흙벽으로 마을을 둘러싼 요새들뿐이었다. 네이메헌에서는 레이디 메리 몬태규(영국의 작가. 시와 에세이를 주로 썼고, 주변 지인들과 많은 편지를 주고받았다 - 옮긴이)의 편지에서 본 다리를 지났다. 밤새 이동할 계획이었지만 열 시경 틸에 도착하고 보니 그렇게 늦은 시간에 출발하겠다는 마부를 찾을 수 없었다. 도로에 강도가 득실거린다는 이유에서였다. 뻔한 거짓말이었지만 말도, 마부도 구하지 못한 우리는 이곳에서 잠을 잘 수밖에 없었다.

다음 날은 사방으로 이 지역을 가로지르는 운하들 사이의 길을 따라 하루 종일 이동했다. 도로 상태는 좋았지만 네덜란드인들은 길을 참으로 불편하게 만들어 놓았다. 전날은 도로와 무척 가까운 풍차 앞을 지났는데, 돌아가는 날개에 맞지 않으려면 반대쪽 길가에 바짝 붙어 빠르게 움직여야 했다.

운하 사이의 도로는 마차 하나가 겨우 들어갈 너비였기 때문에 길을 가다 다른 마차를 만나면 800m 정도를 후진해야 하는 경우도 있었다. 마차 하나가 들판과 이어진 도개교(배가 하천으로 지나다닐 수 있도록 열리는 다리를 말한다 – 옮긴이)까지 물러나면 다른 마차가 통과하는 식이었다. 하지만 이 지역에는 이보다 더 불쾌한 점이 있었다. 이곳에서는 아마라는 풀을 벤 후 운하의 진흙에 담갔다가 도로 양쪽에 늘어선 나무에 세워 말렸는데, 햇빛이 수분을 빨아낼 때 아마에서 풍기는 악취는 도저히 견디기 힘들었다. 운하에서 거대한 개구리와 두꺼비도 여러 마리 보았다. 그나마 들판의 신록이 기분 좋아지는 아름다움으로 눈을 달래 줄 뿐이었다. 잔디는 영국처럼 초록이 무성했다. 대륙에서는 보기 드문 모습이었다.

로테르담은 놀라울 정도로 깨끗했다. 네덜란드 사람들은 집의 외벽까지 물로 청소했다. 이곳에서 하루 묵을 때 우리는 아주 불운한 남자를 만났다. 네덜란드에서 태어났지만 영국, 프랑스, 독일을 오가며 대부분의 세월을 보낸 인물로, 그는 각국의 언어에 대한 아주 약간의 지식만을 습득했고 모든 언어가 서툴렀다. 영어를 가장 잘 알아듣는다고 했지만 영어로 의사소통이 전혀 되지 않았다.

9월 8일 저녁 로테르담에서 배를 타고 출발했지만 역풍이 분 탓에 로테르담에서 8km 정도 떨어진 마슬라위스에서 이틀간 머물러야 했다. 이곳에서 남은 돈까지 모두 소진한 우리는 지난 여행을 돌아보며 30파운드도 안 되는 돈으로 어떻게 1300km 가까운 거리를 여행할 수 있었는지 감탄했다. 더욱이 우리는 마차에 갇혀 산 아래의 길을 지나지 않고 탁 트인 배로 이동하며 멋진 풍경을 감상하고 아름다운 라인강, 땅과 하늘의 찬란한 광경 그 이상을 만끽하지 않았던가.

우리가 탄 배의 선장은 영국인으로, 한때 왕실 소속 조타수였다고 했다. 마슬라위스에서 라인강 하류로 조금 더 내려가면 나오는 모래언덕은 굉장히 위험한 지형이다. 그래서 네덜란드 배들은 바람을 타고 순항할 수 있다면 모를까 감히 통과하려 하지도 않았다. 우리에게 불리한 바람이 불었음에도 배를 타고 나가자고 한 선장은 반도 못 가 후회하는 눈치였지만 겁쟁이 네덜란드인들의 코를 누르고 모래언덕을 지나 바다로 나왔을 때 기쁨과 뿌듯함을 드러냈다. 솔직히 말하자면

실로 위험한 계획이었다. 밤새 강풍이 몰아친 데다 아침에 바람이 조금 잠잠해졌다지만 모래언덕에서는 여전히 극도로 높은 파도가 일었다. 배가 암초에 얽히는 바람에 항해가 지연되어 우리는 예정된 시간보다 30분 늦게 도착했다. 엄청나게 큰 파도가 일었고 우리는 배의 바닥과 모래톱 사이에 60cm 정도의 공간밖에 없다는 말도 들었다. 부서진 파도는 거의 수직으로 솟구쳐 배의 옆면을 강하게 때렸으며 때로는 배를 덮칠 것처럼 파도의 매끈한 면이 불쑥 솟았다. 파도가 몰아치는 가운데 커다란 돌고래 떼는 아무 일 없는 것처럼 즐겁게 노닐었다.

우리는 무사히 위험을 통과했고, 예상보다 짧게 항해한 후 마슬라위스를 떠난 지 사흘째 되던 9월 13일 오전에 그레이브젠드에 도착했다.

2부

1816년 여름 제네바 인근에서 석 달을 보내며 쓴 편지들

1816, Summer, Switzerland

1816년 5월 8일 프랑스 파리~
1816년 7월 28일 프랑스 몽블랑산

여행의 일행들
메리 울스턴크래프트 셸리
(당시 메리 울스턴크래프트 고드윈),
퍼시 비시 셸리,
메리의 의붓자매 클레어 클레어몬트,
조지 고든 바이런,
존 윌리엄 폴리도리

"우리가 우울한 겨울과 런던에서
이제 막 탈출한 건 너도 알지?
신성한 계절에 이렇게 좋은 곳에 오게 돼서
나는 새로 태어난 새처럼 행복한 기분이야."

첫 번째 편지

파리―트루아―디종―돌―폴리니―레루스―니옹―제네바

1816년 5월 17일
제네바 세세롱 호텔에서.
메리.

패니에게

사실 파리에 도착은 이번 달 8일에 했는데, 여권에 필요한 이런저런 서명을 받느라 이틀은 발이 묶여 있었어. 라발레트(나폴레옹의 부관으로 사형 전날 탈옥에 성공해 영국으로 망명했다 - 옮긴이)가 탈출한 후로 프랑스 정부가 말도 못하게 깐깐해졌거든. 소개서가 없고 파리에 사는 친구도 없다 보니 호텔에 갇힌 신세가 되어 일주일이나 방을 빌려야 했지. 처음에는 하룻밤이면 해결될 줄 알았지만 파리에는 하루 단위로 묵을 수 있는 숙소가 없더라고.

흥미롭게도 프랑스인의 매너는 연합군이 마지막으로 침공하기 전과 비교해 예전처럼 매력적이지 않아. 적어도 영국인에게는 말이지. 이 사람들은 마음의 불만과 우울을 끊임없이 내뿜고 있어. 프랑스를 적군의 군대로 채우고 혐오스러운 부르봉왕조의 왕권을 지속시킨 영국의 국민이니 분노와 악감정으로 대하는 게 당연하겠지. 프랑스인들에게는 고결한 감정일 거야. 억압에 대해 같은 생각을 가지고 있고, 끝내 자유를 위한 운동이 승리해야 한다는 무적의 희망을 소중히 여긴다면 다른 유럽인들도 같은 감정을 가져야 해.

파리를 떠나 트루아까지는 2년 전에 걸어서 횡단했을 때처럼 특별히 볼 것 없는 지역의 포장된 길을 지났어. 하지만 트루아를 지난 후에는 뇌샤텔로 가는 길을 뒤로 하고 제네바로 향하는 길을 택했어. 디종에 도착한 건 파리를 떠난 지 사흘째 되던 날이었고, 이후 돌이라는 지역을 거쳐 폴리니에 도착했어. 드넓은 평원에 불쑥 솟아오른 쥐라산맥 기슭에 있는 마을이야. 가정집들 위로 산의 바위들이 불쑥 솟아 있더라고. 말을 구하기가 쉽지 않아 이곳에 발이 묶여 있다가 밤이 깊어진 후에야 달빛 속에 폭풍우를 맞으며 산속 깊이 자리한 작은 마을 샹파뇰로 향했어. 길이 어찌나 뱀처럼 구불구불하고 가파르던지. 한쪽에는 형태도 알아보기 힘든 벼랑이 머리 위로 튀어나와 있었고, 반대쪽의 검은 구렁에는 휘몰아치는 구름이 가득했어. 눈에 보이지 않아도 들리는 콸콸 흐르는 산골짜기 시냇물 소리는 우리가 이제 프랑스 평원을 떠났다는 뜻이었어. 우리는 비바람이 몰아치는 가운데 샹파뇰을 향해 천천히 산을 올랐고, 파리를 떠난 지 나흘째 되던 날 밤 열두 시에 도착했어.

다음 날 아침에는 다시 길을 떠나 계곡과 계곡 사이로 계속 등산을 했어. 풍경은 위로 올라갈수록 더 멋지고 장엄하게 변했어. 꿰뚫을 수도 없이 빽빽하고 아무도 밟지 않은, 아니 아무도 접근하지 못했던 울창한 소나무 숲이 사방의 넓은 땅으로 뻗어 나갔어. 짙은 숲은 계곡 아래로 이어지기도 했고, 몸통과 가지가 뒤틀린 채로 척박한 바위의 균열에 뿌리가 뒤엉켜 몸부림치는 나무들도 보였어. 때로는 구불구불한 길이 높은 숲 지대까지 이어졌는데 올라가 보니 숲속의 나무들이 듬성듬성 흩어지더군. 그곳의 나뭇가지는 눈을 가득 짊어졌고 바람을 타고 날아온 눈에 거대한 소나무의 절반이 파묻혀 있었어. 마을 사람들 말로는 올해 유독 봄이 늦게 왔대. 그래서인지 굉장히 추웠어. 산을 오르는데 아래 계곡에서 우리에게 비를 퍼붓던 구름이 큼직한 눈송이를 빠르게 펑펑 토해 내는 거야. 눈발 사이로 이따금 모습을 드러낸 태양은 산의 아름다운 협곡을 환히 비추었어. 계곡에 있는 거대한 소나무 중 일부는 눈에 파묻혔고, 흩어지고 남은 아지랑이에 둥글게 휘감긴 나무들도 있었어. 꼭대기의 짙은 색 잎으로 눈부시게 맑고 푸른 하늘을 첨탑처럼 찌르는 나무들도 있었고.

저녁이 다가오고 우리가 산에 더 높이 올랐을 무렵에는 위쪽에서 튀어나온 바위를 하얗게 물들이던 눈이 우리의 길까지 침범했고 레루스라는 마을에 들어섰을 때는 눈이 펑펑 내렸어. 형편없는 여관의 지저분한 침대에서 밤을 보내게 생겼지. 그곳에서 제네바로 가는 길은 두 개야. 하나는 스위스 땅인 니옹을 통과하는 건데, 산길이 훨씬 짧대. 수 킬로미터나 되는 도로가 어마어마한 깊이의 눈으로 뒤덮인 이맘때 이동하기에 상대적으로 수월한 길이라고 하더라고. 다른 길은 젝스를 통과하는 건데, 멀리까지 빙 둘러가야 하고 이렇게 늦은 시간에는 움직이기가 조금 위험하다더라. 그런데 우리 여권에 젝스행이라고 쓰여 있고 목적지를 바꿀 수 없다는 말을 들었어. 하지만 경찰법이라는 게, 그 자체로는 엄격하지만 뇌물로 유연해지잖니? 오래 걸리긴 했지만 이 문제도 극복할 수 있었어. 우리는 말 네 필과 마차를 받쳐 줄 사람 열 명을 구한 후 저녁 여섯 시에 레루스를 떠났어. 해가 이미 많이 내려앉아 점점 어두워지고 있었고 마차 창문을 세차게 때리는 눈까지 더해져 제네바 호수와 먼 곳의 알프스를 볼 수는 없었어.

    그렇지만 주변의 경치도 충분히 장엄해서 그쪽에 절로 눈이 갔어. 이토록 쓸쓸한 풍경은 생전 처음이었어. 이 지역의 나무들은 믿을 수 없을 만큼 컸고 새하얀 황무지 여기저기에 무리 지어 서 있었어. 거대한 소나무와 우리의 길을 표시하는

긴 막대기만이 드넓은 눈밭을 체스판처럼 만들고 있었던 거야. 단조로움을 덜어줄 강물도, 바위에 둘러싸인 잔디밭도 없는 웅대한 풍경이 더 그림처럼 아름답게 보였어. 사람이 살지 않는 황무지에서 들리는 자연의 침묵은 우리를 안내하는 사람들의 목소리와 묘한 대조를 이루었지. 그들은 활기찬 목소리로 역동적인 손짓을 하며 프랑스어와 이탈리아어가 섞인 사투리로 서로에게 말을 걸었어. 방해가 됐지만 자기들은 모르더라고.

도착한 곳의 풍경은 또 달랐어! 따뜻한 햇살이 내리쬐고 태양을 사랑하는 곤충들이 부드럽게 윙윙거려. 호텔 창문 너머로는 예쁜 호수가 내다보이는데 하늘이 비쳐 푸른색으로 물들었고 금빛으로 반짝였어. 반대쪽 기슭은 경사면에 포도나무가 가득해. 기슭 곳곳에 귀족들의 별장이 있고 그 뒤로 검은 산맥의 다양한 모양으로 솟아오른 능선이 보여. 그리고 저 멀리 눈 덮인 알프스 한가운데서 몽블랑이 가장 높고도 위대하게 당당히 우뚝 솟아 있고. 이 풍경이 호수에 반사되어 보여. 루체른에서 우리에게 기쁨을 줬던 신성한 고독이나 깊은 고립과는 전혀 다른 환한 여름의 풍경이야.

마음에 드는 산책길은 아직 찾지 못했지만 너도 알다시피 우리는 뱃놀이를 좋아하잖아. 배를 하나 빌려 매일 저녁 여섯 시 무렵에 호수에서 배를 타는데, 얼마나 즐거운지 몰라.

반질반질한 수면 위를 미끄러져 가는 것도, 강한 바람을 타고 빠르게 달리는 것도. 바다에서 배를 탈 때는 멀미 때문에 아무것도 즐기지 못하지만 이 호수에서는 물결이 일어도 절대 멀미가 나지 않아. 오히려 배가 들썩이면 기운이 솟아나고 평소답지 않게 유쾌해지지. 이곳에서는 해가 일찍 지지만 요새는 달이 보름달에 가까워진 덕분에 열 시나 되어서야 호수를 떠나. 기슭에 도착하면 꽃과 갓 벤 잔디 향기가 기분 좋게 코를 찔러. 우리에게 인사를 하듯 메뚜기는 지저귀고 저녁의 새들은 노래를 부르지.

  이곳에서는 사교 활동을 하지 않지만 그럼에도 빠르게 흘러가는 시간을 무척 즐겁게 보냈어. 한낮의 더위 속에서는 라틴어와 이탈리아어로 쓰인 책을 읽었고, 해가 지면 호텔 정원에서 산책을 하며 토끼를 찾고 바닥에 떨어진 풍뎅이를 날려 보내 줬지. 정원의 남쪽 벽에 잔뜩 붙어서 사는 도마뱀들의 행동도 관찰하고 말이야. 우리가 우울한 겨울과 런던에서 이제 막 탈출한 건 너도 알지? 신성한 계절에 이렇게 좋은 곳에 오게 돼서 나는 새로 태어난 새처럼 행복한 기분이야. 새로 단 날개로 비행 연습을 할 수 있다면 어느 나뭇가지로 향하든 상관없어. 경험 많은 새라면 어디서 휴식을 취할지 더 까다롭게 고르겠지. 하지만 피어나는 꽃과 봄의 신선한 잔디와 더불어 이런 즐거움을 만끽하는 내 주위의 행복한 생명들은, 내게 더없는 즐거움을 주고 있어. 비록 구름에 가려 몽블랑이 보이지 않을지라도. 다음에 또 연락할게. 그럼 이만!

"언어의 마법으로 네 영혼을 알프스 가까이,
알프스의 산속 계곡과 숲으로 데려다줄 수 있도록 노력할게.
숲이 알프스에 옷을 입히고
커다란 그림자로 계곡에 짙은 그림자를 드리울 때 말이야."

두 번째 편지

콜리니―제네바―플랭팔레

1816년 6월 1일
콜리니 인근 C 별장에서,
메리.

패니에게

날짜 부분을 보면 알겠지만 지난번 편지 이후로 숙소를 바꿨어. 지금 우리가 지내는 곳은 호수의 반대편 기슭에 있는 작은 오두막집이야. 눈 덮인 몽블랑의 산봉우리 대신 어둡고 험준한 쥐라산맥으로 창밖의 풍경을 바꿨지. 매일 저녁 쥐라산맥 뒤로 해가 지고 알프스 뒤에서 우리 계곡 쪽으로 어둠이 깔리는 모습을 보고 있어. 그 시간이 되면 영국에서 햇빛이 거의 사라진 가을 하늘의 구름이 그러하듯 하늘이 빛나는 장밋빛으로 물들지. 코앞에 호수가 있고, 우리 배를 묶어 두는 작은 부두도 있어. 요즘도 이 배를 타고 저녁에 뱃놀이를 즐긴단다. 안타깝게도 이 나라에 처음 도착했을 때 우리를 반갑게 맞이해 준 찬란한 하늘을 최근에는 보기 힘들어. 비가 끝도 없이 와서 우리도 거의 집에만 갇혀 있어. 그러다 태양이 환하게 빛나면 영국에서는 볼 수 없는 장관이 펼쳐지고 열기가 뿜어져 나와. 천둥 번개는 점점 더 요란하고 무서워지고 있어. 이런 뇌우는 처음이야. 우리는 호수 반대편에서 폭풍우가 다가오는 모습을 보며 하늘의 여러 지점에서 구름 사이로 번쩍이는 번개를 관찰해. 높이 솟은 쥐라산맥이 하늘에 깔린 구름의 그림자로 검게 변해 있을 때 번개는 그 위에서 지그재그 형태로 쏜살같이 움직이지. 그러는 동안 태양은 우리를 보며 응원하듯 빛나고 있을 거야. 어느 날 밤에는 태어나서 처음 보는 강한 폭풍이 불었어. 호수가 번쩍이자 쥐라산맥의 소나무가 다 보이는 거 있지. 모든 풍경이 순간 하얗게 빛나더니 칠흑 같은 어둠이 찾아왔고 어둠 속에서 머리 위로 무시무시한 천둥이 쳤어.

내가 제네바 인근에 머무는 동안 이 도시에 대해 이야기해 주기를 기대하고 있겠지. 하지만 거친 돌밭을 걷는 수고에 보상이 될 만한 풍경은 단 하나도 없어. 집은 높고 거리는 좁아. 대부분 오르막길에 있고. 네 눈에 아름답게 보일 공공시설도, 네 취향을 만족시킬 건축물도 없어. 도시를 에워싼 장벽이 있는데, 세 개의 문이 정확히 열 시에 닫혀. 프랑스와는 달리 어

떤 뇌물을 바쳐도 열 수 없지. 도시 남쪽에는 제네바 사람들이 애용하는 산책로가 있어. 잔디밭에 나무 몇 그루를 심은 곳으로 이름은 플랭팔레야. 이 안에는 루소를 기리는 작은 오벨리스크가 있어. 이곳은 치안판사들, 그러니까 루소를 조국에서 추방시킨 자들의 후임들이 혁명 때 민중의 총에 맞은 장소이기도 해(참 변덕스러운 인간사 아니겠니). 루소의 글로 무르익은 혁명, 비록 일시적으로 피를 흘리고 부당함에 오염됐지만 결국 인류에게 지속될 이익을 가져온 그 혁명 말이야(루소의 문명 비판과 인민주권론이 프랑스혁명의 사상적 기초가 되었다-옮긴이). 정치가들의 교묘한 속임수도, 군주의 엄청난 계략도 그러한 혁명의 가치를 헛되이 만들 수는 없었지. 지금의 치안판사들은 전임자들의 기억 때문에 절대로 플랭팔레에서 산책을 하지 않는다고 하더라. 제네바 사람들은 일요일이면 자주 살레브산 정상으로 등산을 가. 살레브산은 제네바와 4km 정도 떨어져 있고, 경작된 평야에서 수직으로 솟아오른 산이야. 반대쪽에 올라가는 길이 있고, 위치를 봤을 때 정상에 오르기까지 힘들겠지만 그 고생은 론강과 아르브강의 경관을 보면 잊게 될 거야. 우리는 아직 가 보지 못했어.

　이곳은 영국에 비해 계급이 평등한 편이야. 그래서 하층민들도 우리와 달리 무척 자유롭고 세련된 매너를 갖췄어. 도도한 영국 숙녀들은 이런 공화제의 결과물을 접하면 아주 질색을 할걸? 왜냐하면 제네바의 하인들은 그들의 잔소리나 종알대는 소리를 굉장히 불편해하거든. 이곳에서는 전혀 듣지 못하는 말투니 말이야. 하지만 스위스 농부들은 프랑스 농부들처럼 쾌활하거나 품위 있지 않아. 더 청결하지만 행동이 느리고 서툴러. 내가 아는 스무 살 된 여자는 평생을 포도밭에서 살았으면서 몇 월에 포도를 수확하는지도 말하지 못하더라니까. 무슨 달 다음에 무슨 달인지 순서를 아예 모르더라고. 내가 12월의 작열하는 태양과 달콤한 과일, 7월의 서리라고 말해도 놀라지 않았을 거야. 그렇다고 해서 이해력이 부족한 것은 전혀 아니야.

또 제네바 사람들은 굉장히 금욕적이야. 프랑스식으로 일요일에 춤을 추는 관습이 남아 있긴 하지만, 프랑스 정부가 물러나자마자(1798년 프랑스군이 스위스를 점령, 헬베티아공화국을 만들었다. 이에 대한 스위스인들의 강력한 봉기, 재정 위기, 대프랑스군과의 전투 등으로 혼란이 지속되어 1803년 스위스연방으로 대체되었고, 이후 1814~1815년에 열린 빈 회의에서 스위스 독립 확인과 영구적 중립 인정이 합의되었다 - 옮긴이) 치안판사가 극장 폐쇄를 명령하고 건물을 허물도록 했대.

최근에는 맑은 날씨를 즐기고 있어. 저녁에 듣는 포도밭 농부들의 노랫소리만큼 더 큰 행복을 주는 것이 있을까. 모두 여자들인데, 남성적이지만 조화로운 목소리가 많아. 이들이 부르는 발라드의 주제는 대개 양치기, 사랑, 양 떼, 미인 양치기와 사랑에 빠진 왕자야. 선율은 단조롭지만 고요한 저녁에 집 뒤편의 언덕이나 호수에서 해가 지는 모습을 감상하며 듣고 있으면 참 행복해져.

   우리는 이렇게 즐겁게 보내고 있어. 계절이 보다 좋아서 햇살과 산들바람이 주는 기쁨을 누렸다면 더욱 즐거웠겠지만 말이야. 아직 마을 주변을 둘러보지는 않았지만 여러 군데 방문할 계획이니 다음 편지에 소식을 듣게 될 거야. 언어의 마법으로 네 영혼을 알프스 가까이, 알프스의 산속 계곡과 숲으로 데려다줄 수 있도록 노력할게. 숲이 알프스에 옷을 입히고 커다란 그림자로 계곡에 짙은 그림자를 드리울 때 말이야. 그때까지 안녕히 지내기를!

"나는 하루 종일 《신엘로이즈》를 읽었다네. 작품에 훌륭하게 담긴 풍경에 실제로 둘러싸여 있으니 숭고한 천재성과 인간을 초월하는 감수성이 넘쳐흐르는 듯했어."

세 번째 편지

메유에리―클라랑―시옹―브베―로잔

1816년 7월 12일
콜리니 인근의 몬탈레그레에서
퍼시.

나의 벗 T. P.에게

브베에서 돌아온 지도 거의 보름이 지났군. 이번 여행 중 즐겁지 않은 부분이 없었지만, 특히 《신엘로이즈》에서 드러나는 루소의 상상력이 얼마나 신성하고 아름다운지 알게 되어서 더욱 특별했다네. 그 매력을 가장 감동적으로 만드는 묘사가 풍경에 얼마나 큰 마법을 부리는지 상상하기 어려울 거야. 하지만 여드레간 이어진 우리 여행을 자네에게 간략히 설명하려 하는데, 스위스 지도가 있다면 내 이야기를 따라올 수 있을 거네.

우리는 6월 23일 오후 두 시에 몬탈레그레를 떠났어. 호수는 잔잔했고, 세 시간 동안 노를 저어 에르망스라는 작고 아름다운 마을에 도착했지. 마을 사람들 말에 따르면 이 마을에 있는 폐허 같은 탑을 율리우스 카이사르가 지었다더군. 비슷한 탑이 세 개 더 있었지만 그것들은 1560년 제네바인들이 방어 시설을 세우기 위해 파괴했다고 해. 우리는 창문을 통해 탑에 들어갔어. 벽은 굉장히 견고했고 돌이 어찌나 단단하던지 끌의 흔적이 아직도 남아 있을 정도였네. 사공들에게 듣자 하니 지금보다 세 배는 더 높던 시절도 있었다고 해. 벽의 두꺼운 부분에 두 개의 계단이 있는데, 하나는 완전히 허물어졌고, 다른 하나는 반쯤 파괴되어 사다리로만 접근할 수 있어. 지금이야 어부 몇 명만 거주하는 보잘것없는 마을이 되었지만, 이 마을을 세운 사람이 부르고뉴의 여왕이라고 했던가. 베른 사람들이 모두 불태우고 황폐하게 유린하는 바람에 지금과 같은 상태로 전락한 거지.

에르망스를 떠나 해가 질 무렵 네르니에 도착했네. 어둡고 지저분한 숙소를 둘러본 후 호숫가로 산책을 나갔지. 안개 낀 광활한 호수의 보랏빛 물이 경사면과 백사장 가장자리 근처의 울퉁불퉁한 바위섬에 부딪쳐 부서지는 모습은 참으로 아름다웠네. 호수에 노니는 물고기도 많았는데, 들끓는 파리를 잡기 위해 바위 근처에 물고기를 여러 마리 모아 두었더군.

마을로 돌아오는 길에 호수 옆 담벼락에 앉아 나인핀스(현대 볼링의 전신. 핀 아홉 개를 세워 두고 공을 굴려 쓰러뜨리는 게임이다 - 옮긴이)와 비슷한 놀이를 하는 아이들을 보았어. 이곳 아이들은 이상할 정도로 몸이 기형이고 병든 것처럼 보여. 대부분 등이 굽었고 목이 비대하지. 하지만 한 소년에게만큼은 내가 어린아이에게서 결코 본 적 없는 절묘한 우아함이 태도와 몸짓에 담겨 있었어. 표정이 얼마나 풍부한지 얼굴이 아름다워 보일 정도였어. 아이의 눈과 입술에는 자만심과 온화함이 섞여 있었지. 감성이 존재한다는 증거였고, 이곳의 교육을 받으면 그 감성이 왜곡되어 불행해지거나 범죄의 길로 빠질 것이 뻔했지. 하지만 자만심보다는 온화함이 더 컸고, 순한 감정을 자주 드러낸 덕에 원래 거칠게 날뛰던 자만심이 길들여진 듯했네. 내 동행이 돈을 주자 말없이 사랑스럽게 웃으며 돈을 받더군. 그러고는 부끄러워하지도 않고 뒤를 돌아 다시 놀러 갔다네. 이 모든 것이 사실이 아닐 수도 있네. 그러나 이렇게 고요하고 빛나는 저녁, 낭만적이면서 외따로 떨어진 마을로 우리를 데려다준 잔잔한 호숫가에서 활기 없는 그 작은 존재에 내 상상력으로나마 생명력을 불어넣는 것을 참을 수는 없었어.

  여관으로 돌아와 보니 하인이 우리 방을 정리해 놓았고 전까지 암울해 보이던 모습이 상당 부분 사라져 있었네. 내 동행은 그리스가 떠오른다고 했어. 그런 침대에서 자 본 지 5년은 지났다고 하더군. 이 상황 덕분에 떠오른 기억에 신이 나서 대화를 나눴지만 차차 흥분이 가라앉았고, 나는 아주 편안한 기분으로 잠을 자러 갔다네. 내일 어떤 여행을 하게 될지, 돌아와 우리의 작은 모험을 이야기할 때 얼마나 즐거울지 생각하면서 말이야.

다음 날 아침에는 고대 성이 있고 숲과 집들이 여기저기 흩어져 있는 마을 이부아르를 지났네. 네르니와 조금 떨어진 곳으로, 수 킬로미터 길이의 깊은 만을 가두는 곳에 위치한 마을이야. 이 곳에 도착하자마자 호수는 더 거칠고 웅장한 면모를 보이기 시작했네. 사부아의 산들은 정상이 새하얀 눈으로 덮여 있었고, 산의 경사면은 깨진 듯 울퉁불퉁한 형태로 호수까지 이어졌어. 산 위에서는 점점 더 깊고 광활해지는 소나무 숲 때문에 바위가 짙은 색으로 보였고, 헐벗은 바위의 뾰족한 끝은 눈과 얼음으로 뒤엉켜 푸른 하늘을 찔렀지. 그러나 아래의 호두나무, 밤나무, 오크나무 숲과 탁 트인 잔디밭은 그곳의 기후가 더 온화하다는 사실을 증명했네.

맞은편의 곶을 지나자마자 우리는 산 사이를 깊게 가르는 협곡으로 내려오는 드랑스강을 보았네. 호수 근처에 만들어진 평야에 갈라진 물줄기가 교차하고 있어. 강과 호수가 섞이는 여울에는 갈매기와 비슷하지만 더 작고 등이 보라색인 아름다운 물새 베졸레 수천 마리가 자리를 잡았지. 에비앙레뱅과 가까워질수록 산은 더 가파르게 호수로 내려갔고 뒤섞인 나무와 바위 덩어리가 빛나는 첨탑 위로 솟아올랐어.

이 마을에 도착한 시각은 일곱 시경이었는데, 이렇게 날씨가 급격히 변화하는 날은 처음 겪었네. 아침에는 춥고 비가 오더니 동풍이 불고 높은 구름이 빽빽하게 모여들었지. 그러다 천둥이 치고 바람이 사방으로 방향을 바꾸는 거야. 그러더니 남쪽에서 따뜻한 바람이 불고 산봉우리에 여름 특유의 구름이 걸렸고 그 사이로 새파란 하늘이 보였네. 약 30분 후 에비앙레뱅에 도착했을 때는 머리 바로 위의 검은 구름에서 몇 줄기 번개가 번쩍였지. 구름이 흩어지고 나서도 번개는 계속되었어. "유피테르(주피터)께서는 우레와 같은 목소리로 고요한 하늘의 한가운데를 가르셨다 $_{Diespiter,\ per\ pura\ tonantes\ egit\ equos}$(고대 로마 시인 호라티우스의 송가를 인용한 것이다 – 옮긴이)." 호라티우스도 그랬듯 내게 아무 영향을 주지 않는 현상이었지만 말이야.

살면서 에비앙레뱅 주민들처럼 병들고 가난한 몸으로 비참하게 사는 사람들을 보지 못했네. 불과 몇 킬로미터 사이로 사르데냐 왕의 국민들과 스위스 독립 공화국의 시민들이 보이는 극명한 대조는 전제주의가 얼마나 끔찍한 해를 끼치는지 강력히 보여 주고 있었어. 이곳에는 광천수가 나오는데, 이 지역 사람들은 그것을 "비눗물$_{eaux\ savonneuses}$"이라 부른다네.

저녁에는 잠깐 여권에 관한 문제가 있었지만 내 동행의 계급과 이름을 듣자마자 행정관이 사과를 하더군. 여관은 괜찮았어. 이동하는 동안에는 저 멀리 소나무 숲으로 덮인 높은 언덕에서 폐허 같은 성을 하나 보았네. 라인강에서 본 성들이 떠오르더군.

우리는 다음 날 아침 에비앙레뱅을 떠났네. 바람이 너무 거세서 돛을 하나밖에 펴지 못했지. 물결도 지독히 높이 일었고, 배에 짐이 너무 많이 실려 있어 상당히 위험해 보였어. 하지만 호숫가에 솟은 거대한 숲, 아름다운 신록의 들판을 빠른 속도로 지나 무사히 메유에리에 도착했어. 바위 위로 솟은 헐벗은 얼음산의 기슭에서는 물결 소리가 메아리치고 있었네.

지금 있는 여관이 생기기 전, 그러니까 황량한 마을에 어울리는 숙박 시설밖에 없던 시절에 마리 루이즈 황후가 생프뢰(장 자크 루소의 낭만적 연애소설 《신엘로이즈》의 주인공. 루소 사상의 핵심을 담은 이 소설은 여자 주인공 쥘리와 그의 가정교사 생프뢰 간의 사랑 이야기를 서간체 형식으로 전개한다 - 옮긴이)를 기억하며 메유에리에서 밤을 보낸 적이 있다는군. 천재가 권력의 문 앞에서 들여보내 달라고 간청할 때, 인간 본성의 공통된 감정이 그 의무, 그 즐거움과 가장 멀리 떨어진 사람에게도 닿을 수 있다니 이 얼마나 아름다운 일인가. 황후가 그것을 인정했다니 적절한 일이야. 위대하고 계몽된 국민이 그

녀에게 유감을 품으면서도 애정 어린 칭찬을 하는 이유를 확실히 알겠어. 부르봉왕조라면 감히 루소를 기억하지도 못했을 거네. 마리 루이즈 황후는 자기 남편의 왕조가 분노한 민주주의로 힘을 얻었지만, 어쨌든 이 세상 국가들 사이에서는 민주주의의 대표자라고 할 수 있지. 소소하지만 이 일화는 낡은 사상의 체계, 또는 그것을 되살리려는 음모로 세워진 권력은 결코 인류 역사에 영원히 지속될 수 없음을 보여 준다네.

우리는 그곳에서 식사를 했는데, 태어나서 맛본 것 중 가장 달콤한 꿀을 먹기도 했어. 산에 핀 꽃의 정수인 꿀은 꽃처럼 향기롭더군. 이 마을 이름도 생산되는 꿀에서 유래한 것 같아. 메유에리는 생프뢰의 꿈같은 망명지로 잘 알려져 있지. 하지만 루소가 마법을 부리지 않았어도 메유에리는 마법 같은 땅이라네. 소나무, 밤나무, 호두나무 숲이 그늘을 드리우고, 끝이 보이지 않는 장엄한 숲은 영국과 비교도 할 수 없을 정도라네. 이 숲의 한가운데에는 광활하고 잔디로 뒤덮인 골짜기가 있어. 상상할 수 없이 푸르고, 수천 종의 희귀한 꽃이 가득인 데다가 백리향이 얼마나 향긋한지 모른다네.

메유에리를 떠날 무렵 호수는 다소 차분해 보였네. 배는 기슭에 바짝 붙어 움직였고 곶을 만나 방향을 틀 때마다 호수의 풍경은 더욱 웅장해졌어. 그런데 우리가 축배를 너무 일찍 들었나 봐. 바람이 점점 강해지더니 격렬하게 휘몰아쳤고, 호수의 반대편 끝에서 무서울 정도로 높은 물결을 일으키며 다가와 수면을 혼돈의 거품으로 뒤덮는 것이 아니겠나. 지독히도 어리석은 사공 하나는 돛을 붙잡고 있겠다고 고집을 부렸네. 허리케인으로 배가 호수에 잠길 지경이 되었는데 말이야. 사공이 자신의 실수를 깨닫고 돛을 완전히 놓았지. 배는 한동안 조종키도 들으려 하지 않았네. 그 와중에 방향타가 망가져 다루기 어려워졌고 물결이 연속으로 배를 때려댔어. 수영을 아주 잘하는 내 동행은 코트를 벗었고 나도 코트를 벗고 그와 팔짱을 끼고 앉았어. 모든 순간 물에 빠질 각오를 하고 말이야. 하지만 돛이 다시 붙잡혔고 키가 말을 듣기 시작했다네. 물결이 높아 아직 위기에서 벗어났다고는 할 수 없었지만 몇 분 후 우리는 생장구라는 마을의 안전한 항구에 도착했어.

죽을 뻔한 상황을 겪으니 감정이 마구 뒤섞이지 뭔가. 공포도 있었지만 그것이 주된 느낌은 아니었어. 혼자였다면 이렇게 고통스럽지 않았을 거네. 내 동행이 나를 구하려 했을 것을 알았기에 이루 말할 수 없는 수치심에 휩싸였어. 내 목숨을 구하려다 그의 목숨이 희생될 수 있었다고 생각하니 말이야. 우리가 생장구에 도착했을 때는 마을 사람들도 해변에 서 있었다네. 바다가 이런 상태면 감히 항해를 하지 않는 데다 우리 배처럼 엉성하게 만들어진 배에 익숙지 않은 주민들은 놀라운 표정으로 바라보더니 사공에게 축하의 인사를 건

넀어. 그 사람도 육지에 발을 디딜 수 있어 우리만큼이나 기쁜 듯했네.

생장구는 메유에리보다 훨씬 아름다웠어. 산도 더 높고 가장 높은 봉우리의 경사면이 호수로 급격히 떨어지지. 하늘 높이 솟은 산 정상은 여전히 계곡과 보이지 않는 급류의 길에 엄청난 두께의 눈을 품고 있었지. 그중에서 가장 높은 것이 생쥘리앵이라고 하는 바위산인데, 그 절벽 아래에서 숲이 더 넓고 짙어진다네. 밤나무는 더없이 아름다운 풍경에 독특한 매력을 더했고, 내가 여태껏 가 본 그 어떤 산의 정경과도 차원이 다른 그림을 내 기억 속에 심어 주었지.

우리는 일찍 도착해 마차를 타고 론강의 입구를 보러 갔네. 산과 호수 사이를 이동했는데, 위에서 떨어진 눈 덕분에 끊임없이 흐르는 개울을 옆에 끼고 거대한 밤나무 숲 아래를 지났지. 개울은 눈이 떨어지는 바위 위로 종유석 같은 형태를 만들고 있었네. 아침에 허리케인으로 쓰러진 아름드리 밤나무도 보이더군. 론강과 호수가 만나는 곳에서는 경계를 표시하듯 물결이 커다랗게 일고 있었어. 호수에서 벗어날 때와 마찬가지로 빠르게 흐르는 물은 진흙탕으로 검은빛을 띠었네. 같은 길로 4km 정도 더 이동해 라발레까지 갔지만 스위스와 사부아의 국경인 듯한 부브리탑이라고 하는 성 앞에서 멈춰야 했네. 우리가 이탈리아로 간다고 생각하고 여권을 요구했거든.

　길 한쪽에는 거대한 바위산 생쥘리앙이 우뚝 솟아 있었고, 우리는 성의 관문을 통해 구름을 쓴 라발레의 눈 덮인 산을 보았네. 반대쪽에는 버들이 깔린 론강의 평야가 보였고. 클라랑과 브베, 그리고 그 사이에 있는 호수를 굽어보는 검은 산맥에 둘러싸인 풍경과 극명한 대조를 이루었지. 평야 한가운데에는 얕은 언덕이 외로이 서 있었는데, 빽빽한 밤나무 숲 위로 교회의 흰 첨탑이 빼꼼 고개를 내밀었네. 우리는 해가 지기 전에 생장구로 돌아왔고 나는 루소의 소설 《신엘로이즈》를 읽으며 저녁을 보냈어.

　다음 날 아침 동행의 기상 시간이 늦어 식사 전에 혼자 생장구 호수로 떨어지는 폭포를 보러 갈 시간이 있었네. 강은 경사면에서 떨어지는 폭포의 연장선상이나 다름없었네. 폭포는 끝없이 포효하며 바위를 때리고 황량한 강기슭을 내려다보거나 장식하는 꽃과 나뭇잎에 끊임없이 물을 튀기고 있었지. 강변의 길은 기슭의 벼랑을 피해 초원으로 이어지기도 하고, 동굴이 있는 수직의 바위 밑을 지나기도 해. 나는 초원에서 영국에서 보지 못한 꽃을 꺾어 꽃다발을 만들었네. 희귀해서 더 아름다워 보이더군.

　돌아와 아침을 먹은 후에는 배를 타고 클라랑을 향해 출발했네. 우선 론강의 하구 세 곳을 보고 시옹성으로 갈 계획이었지. 날씨가 좋고 물도 잔잔했어. 푸른 호수에서 론강의 물줄기로 넘어갔는데, 호수와 섞이는 지점에서 한참 멀어진 후에도 유속이 상당하더군. 강한 강물이 호수와 섞였지만 순순히 섞이지는 않았네(이 다음 내용은 《신엘로이즈》 제4부 편지 17을 참고하게나). 나는 하루 종일 《신엘로이즈》를 읽었다네. 작품에 훌륭하게 담긴 풍경에 실제로 둘러싸여 있으니 숭고한 천재성과 인간을 초월하는 감수성이 넘쳐흐르는 듯했어. 메유에리, 시옹성, 클라랑, 라발레와 사부아의 산들은 한때 익숙했고 또 소중히 여겼던 존재들의 기념비로서 상상력을 자극하네. 한 사람의 정신으로 창조되었지만, 그 정신이 너무도 환히 빛나기에 현실의 기록들이 거짓으로 보이게 만들지.

그러고는 시옹성으로 넘어가 지하 감옥과 탑을 구경했어. 호수 밑을 파서 감옥을 만들었더군. 일곱 개의 기둥이 중심 공간을 받치고 기둥에서 뻗어 나온 기둥머리가 천장을 지탱하는 구조였어. 벽과 붙어 있는 호수는 깊이가 240m 남짓이야. 이 기둥들에는 쇠로 된 족쇄가 달렸고 고리마다 이제는 기억에서 사라진 이름들이 무수히 적혀 있었지. 더 이상 느끼지 못할 고독을 다시 불러일으키는 장면이었어. 1670년처럼 오래된 날짜도 있더군. 종교개혁 때부터 그 이후로도 오랫동안 이 지하 감옥은 우상숭배를 거부했던 종교개혁가들을 수용하는 공간이었다네. 인류는 이제야 그 우상숭배의 영향에서 서서히 벗어나고 있지.

  길고 높은 지하 감옥 옆에는 비좁은 감방이 있었고, 그 너머로 더 크고 비교할 수 없게 높으며 어두운 방을 두 개의 장식 없는 아치형 구조물이 떠받들고 있었네. 하나의 아치를 가로지르는 것은 이제는 검게 썩은 대들보였어. 여기에 죄수들을 은밀하게 매달았던 거야. 인간이 같은 인간에게 즐거움에 겨워 저지른 잔혹하고 비인간적인 폭정을 이토록 끔찍하게 보여 주는 유적은 처음이었네. 위대한 타키투스의 "인류에 대한 증오 odio humani generis"를 엄숙하고 정확한 예언으로 만든 무수한 실례 중 하나라고 할 수 있지. 우리를 이 성으로 안내해 준 헌병 말로는 은밀한 샘을 통해 호수와 연결된 입구가 있다더군. 죄수들이 탈출하기 전에 감옥 전체가 물로 가득 찰 수 있다지 뭔가!

  우리는 역풍을 거스르고 높은 물결에 맞서 클라랑으로 이동했네. 클라랑에 내리니 과거의 한 영혼이 한때 소중히 여겼던 자신의 거처를 떠났다는 느낌이 매우 강렬하게 들더군. 나는 다시 《신엘로이즈》에 대해 생각했네. 쥘리와 생프뢰는 이 계단식 길을 천 번쯤 걸으며 내가 지금 보는 산들을 바라보았을까? 아니면 내가 지금 밟는 이 길을 그들도 밟았을까? 숙소의 창문에서 여주인이 '쥘리의 숲'을 손으로 가리켰네. 적어도 이 마을 사람들은 연애소설 속 주인공들이 실제로 존재했다는 생각에 감명을 받은 모양이야. 저녁에 그곳으로 걸어가 보았지. 정말 쥘리의 숲이었어. 나무 아래에서 건초를 말리고 있는. 나무는 늙었지만 튼튼했어. 젊은 나무들도 사이사이 섞여 있었는데, 훗날 우리가 세상에 없어도 이 젊은 나무들이 성장해 자연을 숭상하는 우리 후손에게 그늘을 드리워 주겠지. 그들은 이곳에서 발견한 상상 속의 다정함과 평온함을 기억에 간직하며 사랑할 테고. 우리는 이토록 아름다운 풍경을 내다보는 포도밭의 좁은 계단식 길을 걸었네. 나는 어째서 이 세상의 냉정한 격언들에 굴복하고 그 순간에 도취되어 흐르려던 감동의 눈물을 참아 냈을까. 그 눈물을 불러일으킨 풍경이 밤의 어둠 속으로 전부 사라질 때까지 감동에 빠져 있었더라면 참으로 달콤했을 텐데.

이 말을 깜박했군. 내 동행이 말하기를, 폭풍우로 우리가 위험에 처했던 곳이 쥘리와 그의 연인이 탄 배가 뒤집힐 뻔했던 바로 그 지점이라고 하더군. 생프뢰가 쥘리와 호수로 뛰어들고 싶다고 생각했던 바로 그곳 말이네.

다음 날은 클라랑의 성을 보러 갔네. 창문이 거의 없는 정사각형 모양의 튼튼해 보이는 집이었는데 계곡을, 아니 클라랑의 평원을 내다보는 이중 테라스에 둘러싸여 있었어. 성으로 가려면 호두나무와 밤나무 숲을 통과해 가파른 오르막길을 올라야 하네. 우리는 쥘리가 심은 것의 후손일지도 모를 테라스의 장미를 꺾어 꽃다발을 만들었지. 죽고 시든 잎은 정리하고 말이야.

다시 쥘리의 숲으로 갔는데 소설에 등장하는 정확한 지점은 이제 흔적도 없이 사라져 있더라고. 한 무더기의 돌이 작은 예배당이 서 있던 곳을 표시할 뿐이었네. 누가 이리도 어리석은 만행을 저질렀는지 분노하던 우리는 이 땅이 생베르나르 수녀원의 소유이고 그쪽 명령으로 이런 짓이 자행되었다는 가이드의 설명을 들었네. 익히 알았지만, 아무리 탐욕이 인간의 마음을 둔감하게 만든다고 해도 규범적인 종교 체계는 자연을 대하는 인간의 감성을 훨씬 더 크게 해친다니까. 정신적 유산이 자연을 본래보다 더 아름답게 만들던 때도 있었지만, 고립된 인간은 그 기억에서 비롯되는 고귀한 감정을 함부로 유린하지 않도록 수치심으로 억제하곤 해. 하지만 무리를 이룬 인간은 자기 집단에 대한 성스러운 맹세를 하는 양 섬세함, 자애로움, 회한 등 진실되고 부드럽고 숭고한 모든 것들을 포기하지.

이후에는 클라랑에서 배를 타고 브베로 갔네. 브베는 그 어떤 곳보다도 소박하면서도 빼어난 마을이야. 곳곳에 나무가 서 있는 넓은 광장에는 시장이 들어섰는데, 이곳에서는 사부아와 라발레의 산들, 호수, 론강의 계곡이 정면으로 보인다네. 루소가 쥘리를 구상한 곳도 브베였다고 하더군.

브베를 떠난 후에는 로잔 근처의 마을 우시로 왔어. 페이드보 해안은 마을과 포도밭으로 가득한 고요한 곳이야. 나는 주로 고적한 분위기를 자아내는 경치에 감탄하곤 했지만, 이곳의 아름다움은 이런 내 취향을 상쇄할 만큼 특별했다네. 언덕은 굉장히 높고 험준했고 꼭대기에 숲이 산재했어. 절벽에서 메아리를 퍼뜨리는 폭포는 멀리서 반짝였지. 한 곳에서는 굉장히 큰 바위 두 개의 자취도 보았네. 뒤편에 있는 산에서 떨어졌다는군. 하나는 젊은 여인이 자고 있던 방에 박혔는데, 다행히 부상을 입지는 않았다고 해. 하지만 길에 굴러떨어진 것은 포도밭을 완전히 파괴하고 땅을 파헤쳐 버렸다고 하네.

비가 와서 이틀 동안 우시를 떠나지 못했어. 그래도 로잔은 방문해 기번의 집을 보았지. 기번이 《로마제국 쇠망사》를 완성한 곳으로 지금은 퇴락한 여름 별장이 되었어. 기번이 마지막 문장을 쓴 다음에 몽블랑을 보았던 테라스에는 아카시아가 피어 있었네. 그가 작품을 완성한 후에 표현한 아쉬움은 어쩐지 위대하고 감동적인 느낌을 주지 않나? 캄피돌리오 언덕의 폐허 한가운데에서 《로마제국 쇠망사》를 처음 구상했다지. 늘 소중하게 품고 있던 일을 갑자기 떠나보내야 했으니, 그에게 탈고는 마치 친한 벗의 죽음처럼 슬픔과 고독으로 느껴졌을 거야.

동행은 그를 기리는 의미로 아카시아잎을 모으더군. 나는 참았어. 루소의 더 위대하고 신성한 이름에 누가 될까 봐 말이야. 그가 남긴 불멸의 창조물을 생각하니 누구나 언젠가는 죽게 된다는 사실을 마음에 담을 수가 없었네. 기번은 감정에 흔들리지 않는 냉철한 정신을 가졌지. 쥘리와 클라랑, 로잔과 로마제국이 루소와 기번의 극명한 차이를 보여 준 지금, 기번의 냉철한 정신에 집착하는 편견에 맞서고 싶은 마음을 이렇게 강하게 느껴 본 것은 처음이었어.

돌아와서는 그날 잠깐이나마 만끽할 수 있었던 햇빛을 맞으며 물결이 이는 호수의 제방을 걸었네. 무지개가 호수 위로 뻗어 있었어. 아니, 한쪽 끝은 물 위, 반대쪽은 사부아 산기슭에 얹혀 있었다고 해야 할까. 메유에리인지는 모르겠으나 흰 집들이 노란 불빛 사이로 빛나고 있었네.

6월 30일 토요일, 우시를 떠나 이틀간 쾌적한 항해를 하고 일요일 저녁 몬탈레그레에 도착했네.

"이전엔 정말 몰랐어.
산이 이런 존재인지 미처 상상하지 못했지.
하늘 높이 서 있는 이 거대한 봉우리들이
돌연 내 눈앞에 들어왔을 때
가슴에서 광기와도 같은
황홀한 경이로움이 터져 나오더군."

네 번째 편지

생마르탱—세르보즈—샤모니—몽탕베르—몽블랑

1816년 7월 22일
샤모니 론드레 호텔에서
퍼시.

나의 벗 T. P.에게

친구여, 자네가 우리가 살 집을 열심히 찾을 동안 우리는 그 집을 장식할 추억을 찾아 헤매고 있네. 자연의 장엄함과 아름다움을 자네가 자세히 듣고 싶어 할 것이라는 착각은 하지 않아. 하지만 지금 나를 둘러싼 이 풍경을 대체 어떻게 묘사해야 할까? 예상조차 불가능한 극도의 만족감과 놀라움을, 그 경이와 감탄을 표현하기 위해 온갖 표현을 다 동원한다 한들, 지금 내 마음을 충만하게 채우는 절경을 자네의 마음에도 심어 줄 수 있을까? 나도 여행자들의 황홀에 찬 기록을 읽어 보았지. 그들의 사례를 본보기로 삼아, 그저 내가 할 수 있는 모든 것을 전부 자세히 들려주려고 하네. 우리가 제네바를 떠난

20일 아침부터 무엇을 보고 무엇을 했는지 자네가 상상할 수 있도록 이야기하려 한다는 말이네.

우리는 아침 여덟 시 반 넘어 계획한 대로 샤모니로 출발했네. 살레브산에서 높은 알프스 기슭까지 이어지는 평야 지대를 지나갔지. 비옥한 땅은 옥수수밭과 과수원으로 가득했고, 곳곳에 보이는 언덕들은 갑자기 솟아오르다 정상에 이르러서는 평평한 모양을 하고 있었네. 구름 한 점 없이 무더운 날이었지. 알프스는 계속 시야를 벗어나지 않았어. 가까워질수록 알프스의 외곽을 이루는 산들이 우리를 에워싸듯 다가왔다네. 우리는 아르브강으로 흐르는 개울 위로 다리를 건넜지. 비가 와서 불어난 아르브강은 우리가 지나는 길의 오른쪽으로 끊임없이 흐르고 있었어.

아름다운 포플러가 잎을 늘어뜨린 길을 따라 본빌에 다다르니 양쪽의 옥수수밭까지 강물이 범람해 있더군. 본빌은 깔끔하고 작은 마을이야. 마을을 굽어보는 거대한 하얀 탑으로 된 교도소 말고는 특별히 눈에 띄는 특징은 없었어. 이 본빌에서 알프스가 시작되고, 숲으로 뒤덮인 산 하나는 아르브강의 맞은편 기슭에서 곧바로 솟아오른다네.

본빌에서 클뤼즈까지의 도로는 사방이 산으로 둘러싸인 광활하고 비옥한 평원으로 이어져 있어. 그 안에는 메유에리처럼 소나무와 밤나무가 뒤섞인 숲이 가득했고. 길은 클뤼즈에서 갑자기 오른쪽으로 꺾이더니 수직으로 깎인 산 사이에 스스로 구멍을 낸 듯한 골짜기와 나란히 아르브강을 따라 가더군. 이곳의 풍경은 황량하고 광활한 느낌이야. 그러다 강물과 도로만 겨우 지나갈 수 있을 정도로 계곡이 협소해지지. 소나무는 기슭으로 내려가 불규칙한 형태의 첨탑을 흉내 내고, 피라미드 같은 바위는 숲에서 쪽빛 하늘로 높이 솟아 새하얀 구름 사이에 자리 잡고 있지. 800m 정도 떨어진 클뤼즈에서 본 풍경은 광대한 규모만 봐도 매틀록의 풍경과 너무나 달라. 길들일 수 없는, 다가갈 수 없는 고독 속에서 염소들만이 바위에서 풀을 뜯어 먹고 있을 뿐이었다네.

마글랑 근처에 다가갔을 때는 불과 4km 정도의 간격으로 떨어져 있는 두 개의 폭포를 보았어. 산속의 개울에 지나지 않는 가느다란 물줄기가 족히 300m는 되는 높이에서 떨어지는 모습이 부조화를 이루더군. 첫 번째 폭포는 검은색 벼랑의 돌출된 꼭대기에서 꼭 거대한 이집트 여신상처럼 생긴 커다란 바위로 떨어졌네. 존재하지 않는 여신의 머리를 강타하고는 우아하게 갈라져 물보다는 구름을 닮은 우묵한 거품으로 사라졌지. 더없이 아름다운 실로 짠 베일처럼 말이네. 그러다 다시 합쳐져 조각상의 아래 부분을 보이지 않게 감추고는 구불구불한 수로로 사라지더니 더 깊은 폭포로 터져 나와 우리의 길을 가로지르고 아브르강을 향해 움직였어.

다른 폭포는 더 크고 막힘없이 흘렀어. 어찌나 맹렬하게 흐르는지 액체라기보다는 기체처럼 보일 지경이었네. 뒤편에 우뚝 서 있는 검은 산맥 너머에서 흘러나와 꼭 구름 뒤에서 나타난 것 같았거든.

생마르탱(지도에는 '살랑슈'라고 나온다네)에 도착할 때까지는 풍경의 변화가 없었어. 그러다 생마르탱에 이르자 산이 점점 더 높아졌고, 구불거리는 길의 모퉁이마다 바위로 울퉁불퉁한 산봉우리가 더 많이 드러났어. 높고도 넓은 숲은 깊어질수록 더 울창해지더군.

다음 날 아침, 우리는 가이드 두 명과 생마르탱에서 출발해 노새를 타고 샤모니로 향했네. 전날 그랬던 것처럼 아르브의 계곡을 따라 이동했어. 사방이 거대한 산들로 둘러싸인 계곡 말일세. 사이사이 험준한 바위 절벽이 새하얀 눈에 덮인 채로 우뚝 서 있었지. 산기슭은 여전히 끝없는 숲으로 가득했고 우리가 산의 안쪽에 다가갈수록 숲은 더욱 깊고 짙게 변했어.

생마르탱에서 4km 떨어진 작은 마을에 도착한 후에는 노새에서 내려 가이드의 안내를 받아 폭포를 보러 갔네. 70m를 웃도는 높이의 거대한 물줄기가 바위를 연이어 때리고 물보라를 뿌려 주위에 엷은 안개를 만들었고, 그 한가운데 걸린 다채로운 색의 무지개는 구름 사이로 변덕스러운 해가 비칠 때마다 흐릿해지기도 하고, 이루 말할 수 없이 선명해지기도 했어. 가까이 다가가자 물보라가 비처럼 튀기는 바람에, 빠르게 떨어지는 아주 미세한 물의 입자로 우리의 옷은 흠뻑 젖었네. 위쪽의 폭포에서 우리 발밑에 있는 바위들의 깊은 균열로 떨어진 물줄기는 산속 계곡으로 모습을 바꾸고 앞을 가로막는 바위들 위로 포효하며 힘차게 나아갔지.

우리는 계속 계곡 사이로 난 길로 걸었어. 아니, 이제는 계곡이 아니라 광활한 협곡이야. 바로 이곳이 장대한 아르브강의 온상이자 원천이지. 우리는 상상할 수 없을 정도로 거대한 산들 사이에 난 구불거리는 길을 올라갔네. 사흘 전 녹아내린 눈에서 떨어져 길을 할퀸 급류도 건너야 했어.

납과 구리 광산이 있는 세르보즈라는 작은 마을에서 식사를 했는데, 케직이나 베질러트에 있을 것 같은 자연사 박물관이 있더군. 진열실에서 샤무아의 뿔을 보았고, 부케틴이라고 하는 희귀한 동물의 뿔도 보았어. 부케틴은 몽블랑 남쪽의 눈 덮인 황야에 사는 사슴 비슷한 동물이고, 뿔 무게만 12kg쯤 된다는군. 작은 동물이 그런 무게를 지탱할 수 있다니 상상하기 힘들지 않나. 묵직한 뿔은 모양도 아주 특이해. 옆으로 넓게 퍼졌지만 끝으로 갈수록 뾰족해지지. 또 여러 개의 고리가 뿔을 감싸는데 각각의 고리는 나이를 나타낸다나 봐. 가장 큰 뿔에 고리가 열일곱 개 있었어.

세르보즈에서 샤모니까지 12km 남았을 때 몽블랑이 앞에 나타났네. 무수한 빙하에 사방이 에워싸인 알프스는 복잡하게 구불거리는 계곡과 이어져 있었고, 형언할 수 없이 아름답지만 장엄한 숲에서는 너도밤나무, 소나무, 오크나무가 뒤섞여 우리가 지나는 길에 그림자를 드리웠어. 태어나서 처음 보는 푸르른 초원이 입구를 장식하는 숲은 안으로 깊숙이 들어갈수록 어두워졌어. 몽블랑은 우리 앞에 있었지만 구름에 가려 보이지 않았어. 하지만 무시무시한 협곡으로 주름진 산기슭은 위에서 볼 수 있었지. 몽블랑과 연결된 산의 일부, 눈을 뜰 수 없을 만큼 새하얀 눈이 쌓인 산봉우리들만 높은 곳에서 간간이 구름 사이로 빛날 뿐이었네. 이전엔 정말 몰랐어. 산이 이런 존재인지 미처 상상하지 못했지. 하늘 높이 서 있는 이 거대한 봉우리들이 돌연 내 눈앞에 들어왔을 때 가슴에서 광기와도 같은 황홀한 경이로움이 터져 나오더군. 이게 전부 하나의 풍경이었단 말이네. 모든 것이 우리의 관심과 상상력을 건드렸어. 몽블랑은 광활한 공간을 에워쌌지만, 새파란 하늘로 솟아오른 눈 덮인 피라미드들은 우리가 가는 길 위로 튀어나오는 것 같았네. 거대한 소나무로 옷을 두른, 아래의 어두운 심연 때문에 검게 보이는 협곡은 너무도 깊어서, 그 사이로 흐르는 길들일 수 없는 아르브강의 포효도 우리가 있는 위에서는 들리지 않았어. 이 모든 게 우리만의 것 같았지. 지

금 우리 마음에 남은 감동을 다른 사람들의 마음에 심어 주는 창작가가 된 것처럼 말이야. 자연은 시인이었고, 자연이 선사하는 조화는 신의 조화보다 더 숨 막히게 우리의 마음을 사로잡았네.

우리가 샤모니 계곡(실상은 본빌과 클뤼즈에서부터 따라왔던 그 계곡과 이어졌다고 할 수 있지)에 들어서자 지상에서 2km가 좀 안 돼 보이는 높이의 산 위에 구름이 걸려 있어, 몽블랑뿐만 아니라 이곳 사람들이 '첨봉'이라 부르는 주변에 딸린 산들까지 전부 가리지 뭔가. 계곡을 따라 이동하고 있을 때 갑자기 머리 위에서 천둥 치는 소리가 희미하게 들렸네. 그런데 그 소리가 왠지 땅에서 나는 것 같았어. 천둥일 리 없다는 느낌이 들더군. 가이드가 황급히 맞은편 산을 가리켰어. 알고 보니 그곳에서 나는 소리였지. 산사태였다네. 바위 사이로 궤적이 만들어지면서 생기는 연기가 보였고, 중간중간 강하게 추락하는 소리도 계속 들렸어. 바위는 급류 바닥에 떨어져 물을 대신했고, 황갈색 시냇물이 그들의 은신처인 협곡으로 퍼져 나갔다네.

우리는 계획과 달리 보송 빙하를 보러 가지 않았어. 그 길로 몇 분만 내려가면 됐지만 피곤하지 않을 때 둘러보고 싶었거든. 지나가는 동안 비옥한 평야와 인접한 빙하를 볼 수 있었지. 표면은 셀 수 없이 부서져 원뿔, 피라미드 같은 모양의 결정이 표면에서 15m나 솟아 있었네. 찬란한 얼음 절벽은 계곡의 숲과 초원을 굽어보았네. 계곡에서 구불구불 올라가는 이 빙하는 위에서 만들어진 얼음 덩어리와 만나 검은 소나무 숲에 밝은 색 띠를 던진 것처럼 자기만의 협곡을 지나고 있어. 장대한 규모가 이 풍경의 전부는 아닐세. 전체적인 분위기가 아주 웅장하면서도 그 형태는 환상적이고, 색채도 아주 우아해. 독특한 매력을 풍긴다네. 말로 표현할 수 없는 웅대한 모습에 마치 현실이 아닌 것처럼 느껴지기까지 하지.

7월 24일

어제 아침에는 아르베롱강의 발원지를 다녀왔네. 이 마을에서 약 4km 거리에 있는 곳이지. 아치 모양의 얼음에서 강물이 힘차게 쏟아지고, 여러 물줄기로 갈라져 넓은 계곡으로 뻗어 나가는 모습을 보았어. 계곡은 쏟아지는 물에 유린되고 발가벗겨지고 있었지. 그 물이 시작되는 빙하는 이 동굴과 평야, 주위의 소나무 숲 위에 단단한 얼음으로 된 섬뜩한 절벽으로 서 있네. 반대쪽에는 약 80km에 달하는 몽탕베르의 거대한 빙하가 상상도 할 수 없이 높은 산들의 틈을 차지한 채 하늘을 꿰뚫을 기세로 뾰족하게 솟구쳐 있었어. 우리는 이 빙하에서 아르베롱강과 가까운 바위에 앉아 있다가 높은 곳에서 얼음 덩어리가 떨어져 크고 둔탁한 소리를 내며 계곡으로 쏟아지는 모습을 보았다네. 얼마나 강하게 추락했던지 얼음은 가루가 되어 버렸고, 폭포처럼 돌 위를 흐르더니 계곡을 점령하고 그 안을 채웠어.

저녁에는 내가 이 지역에서 유일하게 견딜 수 있는 사람인 가이드 뒤크레와 함께 보송 빙하를 보러 갔네. 이 빙하는 몽탕베르 빙하처럼 계곡 가까이까지 접근해 눈부시게 하얀 절벽과 봉우리가 되어 아래의 푸른 초원과 검은 숲을 내려다보았어. 반짝이는 수정으로 만든 첨탑 같은 봉우리는 은빛 서리의 그물에 싸인 모양새였네. 빙하는 계곡을 향해 끊임없이 흐르고 있어. 속도는 느리지만 저항할 수 없는 힘으로 주변의 숲과 목초지를 향해 전진하지. 그러면서 오랜 세월 이어진 파괴 작업을 하고 있어. 흐르는 용암이라면 한 시간 안에 완수했을 작업이지만, 이 빙하는 그보다 더 돌이킬 수 없는 결과를 낳는다네. 얼음이 한번 습격하면 제 아무리 건강한 식물도 성장할 수 없거든. 이례적으로 성장했다 해도 이후에 시들고 말지. 빙하는 매일 한 걸음씩 끊임없이 앞으로 전진하고 있어. 얼어붙는 영원한 빙결의 경계는 만년설이 녹아내린 물에서 시작된다네. 그것의 원천에서 산의 잔해, 거대한 바위, 막대하게 축적된 돌과 모래를 함께 끌고 가는 거야. 단단한 얼음의 거부할 수 없는 흐름에 쓸려 온 것들은 산의 경사면에 도착해 아래로 구르며 잔해를 흩뿌린다네. 봄에 떨어졌다는 바위 하나를 보았는데(이곳의 겨울은 고요하고 안전해) 크기를 측정하니 사방이 12m가 넘더군.

보송 빙하처럼 빙하의 가장자리에서는 인간이 상상할 수 있는 황폐함을 그 어느 곳에서보다 생생하게 볼 수 있었다네. 누구도 감히 접근하지 못해. 끊임없이 떨어지는 거대한 얼음 봉우리가 계속 다시 만들어지고 있기 때문이지. 한쪽 끝에서 벽 역할을 하는 소나무 숲도 파괴되어 넓게 펼쳐진 바닥으로 흩어졌어. 얼음의 균열 바로 옆에 가지도 없고 뿌리도 뽑힌 채로 몸통만 똑바로 서 있는 나무 몇 그루의 모습은 형언할 수 없이 끔찍했지. 초원도 돌과 모래에 덮여 생명을 잃었다네. 지난해에만 이 빙하들이 계곡으로 약 90m 접근했다고 하더군. 자연주의자 소쉬르는 빙하에 증가와 쇠퇴 주기가 있다고 말하지만 이 지역 사람들의 생각은 전혀 달라. 나도 주민들 의견이 좀 더 믿을 만하다고 생각해. 이들이 하나같이 하는 말이, 몽블랑과 주변 산들 정상의 눈이 계속해서 늘고 있으며, 짧고 변덕스러운 여름에도 얼음은 샤모니 계곡으로 녹아내리지 않고 계속 빙하 상태로 있다는 거야. 빙하가 더 많은 눈을 만들어, 열기가 있음에도 이미 계곡으로 내려온 얼음 덩어리들이 영원히 그 상태로 남아 있다면 결과는 명백하지 않나. 빙하는 증가하고 존속되겠지. 최소한 이 계곡으로 넘쳐 흐르기 전까지는 말이야.

나는 뷔퐁의 숭고하지만 우울한 이론을 지지하지는 않아. 우리가 사는 이 지구가 미래에는 북극 얼음과 지상의 높은 산에서 나온 눈으로 잠식되어 종국에는 얼음 덩어리로 바뀐다는 이론 말일세. 아리만(조로아스터교의 악신으로, 암흑과 악의 근원이다 - 옮긴이)의 패권을 주장하는 자네는 어떤가. 그가 황량한 눈에 싸여, 필연이라는 단단한 손이 섬뜩하고 장엄하게 조각한 죽음과 얼음의 궁전에서 왕좌에 오르는 모습을 상상하는가. 최후의 찬탈을 위한 첫 번째 시도로 눈사태, 급류, 바위, 천둥, 그리고 이 치명적인 빙하를 군림의 증거이자 상징물로써 전부 이 세상에 던지는 모습을 상상하느냐는 말일세. 거기에 인간의 타락을 생각해 보게. 이 지역 사람들은 반쯤 기형이거나 모자라고, 관심이나 감탄을 불러일으킬 요소가 전혀 없네. 이는 자연의 파괴에 비해 장엄하지도 않고 오히려 애석한 주제이네만 시인도, 철학자도 외면해서는 안 될 이야기라 생각해.

오늘 아침에는 날이 좋을 듯해 몽탕베르 빙하를 보기 위해 출발했어. 경사진 계곡을 채우는 지점을 '얼음의 바다'라고 부르더군. 이 계곡은 해발 2300m쯤에 있어. 얼마 안 가 비가 오기 시작했는데도 굴하지 않았지만 절반 이상 갔다가 흠뻑 젖어 돌아왔네.

7월 25일, 샤모니에서

    몽탕베르 빙하, 일명 '얼음의 바다'를 보고 왔네. 그 경이로움에 진실로 아찔해질 지경이야. 산허리를 따라 구불구불 올라가는 넓고 가파른 길은 소나무로 뒤덮였고 곳곳에 눈 쌓인 골짜기가 있어. 몽탕베르의 오두막에서 샤모니까지 12km 정도였는데, 그중 반은 노새로 이동했네. 걸어서 갈 만한 길은 아니지만 가이드 말로는 첫날에 내가 탔던 노새가 '어려운 길mauvais pas'이라고 하는 곳에 빠졌다지 뭔가. 나 역시 산 아래로 추락할 뻔한 것을 겨우 면했네. 우리가 지나간 눈 쌓인 분지 위로 거대한 돌덩이들이 떨어지기도 한다는군. 전날에도 하나가 떨어졌다는 이야기를 들었어. 우리가 돌아오고 조금 후에 말이야. 가이드들은 작은 소리에라도 돌이 떨어질 수 있다며 빨리 지나가자고 하더라고. 어찌 되었든 우리는 몽탕베르에 무사히 도착했어.

    끊임없이 펼쳐진 숲을 간직한 가파른 산이 사방에서 이 계곡을 에워싸고 있네. 산허리에는 부서진 눈과 얼음이 높게 쌓여 아주 깊은 골을 만들고 있지. 헐벗은 정상은 뾰족하고, 꼭대기의 경사가 가팔라 그 위에는 눈이 쌓일 자리가 없어. 수직으로 갈라진 틈 여기저기에 길게 낀 얼음은 흐르는 안개 사이로 형언할 수 없이 찬란하게 반짝이고, 마치 이 세상 것이 아닌 양 구름을 뚫고 나간다네. 계곡은 물결치는 얼음 덩어리 그 자체고, 이 섬뜩한 불모지에서는 가장 깊이 파인 구렁마저도 경사가 완만한 편이야. 폭이 3km 정도밖에 되지 않는다는데 그보다 훨씬 좁아 보이더군. 마치 거대한 급류의 파도와 소용돌이에 갑자기 서리가 내려 얼어붙은 듯한 모습이야. 우리는 표면을 조금 걸어 보았네. 깊이를 헤아릴 수 없는 틈들이 있는 얼음 덩어리의 표면으로 물결이 3.5m에서 4.5m 정도까지 솟아올랐고, 그 옆면의 얼음은 하늘보다도 더 아름다운 쪽빛이었어. 이곳은 모든 것이 움직이고 변화한다네. 이 거대한 얼음 덩어리도 똑같은 과정을 거치며 영원히 부딪치고 부서지는 거야. 가라앉는 게 있는가 하면 솟아오르는 것도 있지. 절대로 같지 않아. 바위의 메아리는 위의 벼랑에서 떨어지고, 하늘에 닿은 산봉우리에서 굴러 내려온 눈과 얼음의 메아리 역시 한순간도 그치지 않는다네. 어쩌면 몽블랑은 스토아의 신처럼 거대한 동물이 아닐까. 돌로 된 혈관으로 영원히 얼어붙은 피가 흐르는 거지.

우리는 이런 풍경에 둘러싸여 야외 잔디밭에서 식사를 했네. 공기는 쌀쌀하고도 청명했어. 때로는 휘감는 안개에 둘러싸여, 때로는 햇빛의 응원을 받으며 다시 산을 내려와 일곱 시쯤 여관에 도착했네.

7월 28일, 몬탈레그레에서

    다음 날 아침 우리는 비를 뚫고 생마르탱으로 돌아왔어. 가장 높은 산에도 짙은 구름이 걸려 광활한 풍경은 사라졌지만, 소나기 사이사이 석양이 비쳤고 눈처럼 새하얗게 뭉쳐진 구름 틈으로 파란 하늘이 빛났지. 눈부시게 아름다운 산들도 때때로 머리 위 구름 사이로 반짝여, 웅장한 매력이 전부 사라지지는 않았어. 우리는 아르브강과 아르브강의 협곡을 가로지르는 목조 다리 퐁펠리시에를 다시 건넜다네. 지저분한 생미셸성 위로 솟은 소나무 숲도 또 한 번 지났어. 폐허가 되어 유령이 출몰한다는 이 성은 벼랑 끝에 지어졌는데 영원한 숲의 그림자에 파묻혀 있어. 샤모니 계곡보다 더 나무가 울창해서 아름다운 세르보즈 계곡도 다시 지났지. 이 계곡의 한쪽에는 몽블랑이 자리하고, 반대쪽은 거대한 산들의 들쑥날쑥한 분지에 에워싸여 있어. 그중 하나는 엉망으로 황폐해져 있더군. 50년 전에 계곡의 높은 부분에서 산사태가 있었다고 해. 산사태로 피어오른 연기가 피에몬테까지 보였고, 토리노에서도 혹시 알프스 화산이 폭발했는지 조사하러 왔을 정도였다고 하더군. 산사태는 며칠 동안 계속되었고 엄청난 힘으로 굉음을 내며 인근 계곡들에 잔해를 퍼뜨렸다고 해. 우리는 다음 날 바로 이 계곡을 지나 저녁 무렵 집에 도착했어.

우리는 몽블랑에 다가갔다는 추억을 간직하기 위해 광물·식물 표본과 수정 도장 두세 개를 구입했네. 샤모니에도 케직, 매틀록, 클리프턴처럼 자연사 박물관이 있거든. 소유주는 사기꾼 중에서도 가장 악독한 사기꾼이더군. 여관 주인과 가이드도 전부 그 사기꾼과 한통속으로, 거머리가 병자에 들러붙어 연명하듯 마음 약한 여행자들의 순진함을 빨아먹지. 내가 구매한 것 중에는 희귀한 알프스 고산식물들의 씨앗 묶음이 가장 흥미로운 기념품이네. 포장지 겉면에 각각 식물의 이름이 쓰여 있어. 이것들을 영국의 우리 집 정원에 심을 생각이니 자네도 원하는 대로 가져가 보도록 해. 이것들은 우리의 애기똥풀이 딱히 경멸하지 않아도 되는 친구들이야. 그보다 더 거칠고 대담하며, 봄의 시인의 시선만큼이나 감동적이나 숭고한 이야기를 들려줄 것이니 말일세.

이 산에 늑대 군단이 있다고 내가 말했던가? 겨울이 되면 일 년 중 여섯 달을 눈으로 뒤덮인 계곡으로 내려와 밖에서 발견한 모든 것을 먹어 치운다는군. 늑대는 가장 사납고 힘이 센 개보다도 강하다지. 이 지역에 곰은 없어. 루체른에 있을 때 루체른 호수를 둘러싼 숲에서는 곰이 종종 나온다고 들었네.

3부

몽블랑

1816, Summer,
Switzerland

몽블랑

퍼시 비시 셸리

I

영원한 만물의 우주가

마음을 통해 흐르고, 파도를 빠르게 일으킨다.

어두웠다가―반짝였다가―어둠을 비추기도 하고―

광채를 보내기도 한다. 비밀의 샘에서

인간 사상의 원천이 자신의 물을 바치는 그곳에서―

절반은 자신의 것이 아닌 소리로,

외딴 산중 황량한 숲에서

가느다란 개울이 낼 법한 소리로.

개울 주변에서 폭포수는 쉴 새 없이 튀어 오르고,

수풀과 바람이 서로 다투고

너른 강은 바위 위로 끊임없이 부서지고 포효한다.

Ⅱ

그러한 아르브강의 계곡―어둡고도 깊은 계곡이여―

수많은 색과 수많은 목소리를 지닌 계곡이여,

그대의 소나무, 암석, 동굴 위로

구름의 그림자와 햇살이 빠르게 지나간다.

이 장엄한 풍경에서 아르브강의 형상으로 내려온 힘이

비밀의 왕좌를 둘러싼 얼음의 심연에서

폭풍 사이로 번쩍이는 번개처럼

어둑한 산에 터져 나오고―그대는 누워 있다.

그대 주위로 거대한 소나무 숲이 달라붙고

이 태초의 자손과, 그들의 숭배 속에서

속박받지 않는 바람이 예나 지금이나 불어와

소나무 향을 마시고 세차게 흔들리는

소리를 듣는다―이는 예로부터 이어진 엄숙한 조화.

그대가 가진 지상의 무지개는 천상의 폭포수를

길게 가로지르고, 폭포의 장막은

아직 조각되지 않은 형태에 옷을 입히네.

사막의 목소리들이 희미해질 때 기묘한 잠은

자신의 깊은 영원 속에 모든 것을 감싸 안지.

그대의 동굴은 다른 소리에 절대 억눌리지 않는

크고 고독한 소리로 소란한 아르브강에 메아리를 퍼뜨린다.

그대는 그 끊임없는 움직임에 젖어 있구나.

그대가 그 쉼 없는 소리의 경로로구나.

아찔한 계곡이여! 나는 그대를 바라볼 때

숭고하고 신비한 무아지경에 빠진 듯

오직 내게만 보이는 환상에 잠긴다.

나만의 인간적인 마음은 수동적으로

주위의 선명한 우주와

빠르게 영향을 주고받고

끊임없는 교류를 이어 간다.

거친 생각들이 종잡을 수 없는 날개로

그대의 어둠 위를 떠다니기도 하고,

나의 환상도, 그대의 존재도 환영받는

시의 마녀가 사는 고요한 동굴에서 쉬기도 하며,

그곳에서 지나가는 그림자들을 살피며

그대의 색을 지닌 환영을, 희미한 형상을 찾는다.

그러다 그들이 도망쳐 나온 가슴이 마침내

그들을 다시 부를 때, 그대는 그곳에 있구나!

Ⅲ

누군가는 말하지. 더 먼 세계의 빛이

잠든 영혼을 찾아온다고―죽음은 단지 잠이며,

그것의 형상이 살아서 움직이는 사람의

복잡한 생각보다 더 많다고―나는 높이 올려다본다.

내가 알지 못하는 전능한 힘이

삶과 죽음의 장막을 걷은 것일까?

아니면 누운 채 꿈을 꾸고 있고,

더 강력한 잠의 세계가 나를 에워싸고

닿을 수 없는 먼 곳까지 영역을 넓힌 걸까?

왜냐하면 영혼이 힘을 잃고,

집 없는 구름처럼 벼랑에서 벼랑으로 내몰리다

보이지 않는 강풍 속으로 사라지고 있지 않은가!

멀리, 저 높이, 무한한 하늘을 뚫고

눈 덮인 몽블랑이 나타난다―고요하고 평화롭게―

그것에 딸린 산들은 신비로운 형태를 띠고

얼음과 바위로 몽블랑을 감싸고,

넓고도 깊이를 헤아릴 수 없는 계곡에서는

하늘처럼 새파란 얼음의 물줄기가

켜켜이 쌓인 비탈 사이를 휘감고 뻗어 나간다.

그곳은 폭풍만이 존재하는 황야로다.

간혹 독수리가 사냥꾼의 뼈를 물고 올 때,

늑대가 독수리를 쫓아올 때면—

주변에 쌓여 있는 형상들이 얼마나 처참한지!

높고, 거칠고 황량하고, 섬뜩하게 찢기고 갈라졌다.

그 옛날 지진의 신이 아이에게 파멸을 가르친 장소였던가?

그들의 장난감이었나? 아니면 불바다가

이 고요한 눈을 뒤덮은 적이 있었나?

누가 대답하랴—이제는 전부 영원 같은데.

황야는 신비한 혀를 지니고 무서운 의심을,

혹은 온화하고 엄숙하고 고요한 믿음을 가르친다.

인간이 자연과 화해하려면 필요한 그 믿음을.

위대한 산이여, 그대는 목소리로서

거대한 기만과 고뇌의 규범을 없앨 수 있다.

모두가 이해하지 못해도, 현명하고 숭고하고 선량한 이는

이해하고, 마음으로 느끼고, 절실히 공감하리라.

IV

들판과 호수와 숲과 시내와 바다,

변화무쌍한 이 땅에 사는 모든 생명은,

번개와 비와 지진과 거친 홍수와 태풍은

일 년 중 가장 무기력한 시기에,

미약한 꿈이 숨어 있는 싹에 찾아들거나

깊은 잠이 미래의 꽃과 잎을 붙잡는 그때,

지독한 혼수상태에서 힘차게 솟구친다.

인간의 행동과 방식, 죽음과 탄생,

인간 자신과 모든 소유물의 시작과 끝도 그러하다.

소리 내어 고투하고 숨 쉬며 움직이는 모든 것은

태어나고 죽는다. 순환하고 가라앉고 떠오른다.

힘은 접근할 수 없는 외딴곳에 멀리 떨어져

고요하고 평온하게 머물고 있다.

그리고 지금 내가 바라보는 이 대지의 민낯과

태고의 산조차도 주의하는 마음에 가르침을 준다.

빙하는 먹이를 주시하는 뱀처럼 서서히,

머나먼 원천에서 천천히 다가오고 있다.

저기, 수많은 벼랑 사이에서

서리와 태양은 인간의 힘을 조롱하듯

돔과 피라미드와 첨탑을 쌓아 올렸다.

꿰뚫을 수 없는 얼음으로 벽을 두르고

무수한 탑을 자랑하는 죽음의 도시처럼.

그러나 실상은 도시가 아닌 파멸의 홍수로

하늘의 경계에서 끝없는 물결을 흘려보낸다.

운명의 길에 흩어진 거대한 소나무는

짓이겨진 흙에서 가지도 없이
부러진 채 서 있고, 저 멀리
불모지에서 끌려 내려온 바위는
다시는 돌이킬 수 없도록
삶과 죽음의 경계를 무너뜨렸다.
곤충과 짐승과 새의 거처를 약탈하고,
그들의 먹이와 은신처를 영영 앗아갔다.
너무도 많은 생명과 기쁨이 사라졌다.
인류는 두려움에 멀리 도망치고,
그의 집과 일터는 폭풍 앞의 연기처럼 사라져
어디에 있는지 아무도 모른다.
아래에서는 거대한 동굴이
세차게 흐르는 급류에 반짝이고,
은밀한 틈에서 소란스레 솟구친 물결은
계곡에서 만나 하나의 장엄한 강을 이룬다.
이 머나먼 땅의 숨결과 피는 요란한 물줄기를
바다의 파도로 영원히 흘려보낸다.
순환하는 대기에 날쌘 입김을 내뿜는다.

V
몽블랑은 여전히 높이 빛난다―힘은 그곳에 있다.

수많은 풍경과, 수많은 소리와

수많은 삶과 죽음의 정적이고도 엄숙한 힘은.

고요하고 달빛 하나 없이 어두운 밤에도,

외로운 햇살이 빛나는 낮에도, 그 산에는

눈이 떨어지지만 아무도 볼 사람이 없다.

저무는 태양에 눈송이가 타오르는 모습도,

별빛이 눈 사이를 쏜살같이 오가는 모습도.

바람만이 그곳에서 조용히 버티며 눈을 쌓을 뿐이다.

강하고 빠른 숨결로, 다만 고요하게!

이러한 고독 속에 소리 없는 번개가

천진하게 집을 지키고, 수증기처럼 눈 위에 머문다.

생각을 지배하고 하늘이라는 무한한 돔의 법칙이 되는

은밀한 힘이 그대 안에 존재하니!

인간의 상상하는 마음에

침묵과 고독이 비어 있다면

그대는, 땅과 별과 바다는 무엇이란 말인가?

                    1816년 6월 23일, 샤모니 계곡에서

《프랑켄슈타인》

서문

1816. Summer,
Switzerland

《프랑켄슈타인》 1831년 판 서문

스탠더드 노블스 출판사에서 《프랑켄슈타인》을 그들의 시리즈 가운데 한 편으로 선정하며, 스탠더드 노블스 판을 출간할 때 작품의 탄생 배경에 관한 설명도 함께 싣자는 제의를 했다. 나는 기꺼이 승낙했다. "어쩌다 젊은 여자가 이런 기괴한 발상을 하고 책까지 쓰게 되었나?"라는 질문을 수도 없이 받아 왔는데, 이번 기회에 대략적으로나마 답할 수 있겠다고 생각했다. 사실 나는 지면에 나서는 것을 좋아하지 않는 성격이다. 하지만 내 이야기가 기존 작품에 부록으로 실릴 뿐이고 저작 활동이라는 주제에서도 벗어나지 않을 테니 작품에 사생활을 개입시켰다고 자책할 여지는 없으리라.

나는 저명한 두 문인의 딸로 태어나 아주 어릴 때부터 글쓰기를 자연스럽게 여겼다. 무언가 끄적이곤 했고, 여가 시간에 제일 좋아했던 놀이도 '이야기 쓰기'였다. 그런데 더 즐거운 취미 활동이 있었으니 그것은 허공에 성을 짓는 일, 바로 '공상'이었다. 나는 꼬리에 꼬리를 물고 이어지는 생각들을 따라가며 가상의 사건들을 엮어 나갔다. 그런 상상들은 글보다 더 근사하고 만족스러웠다. 글을 쓸 때는 거의 모방만 했다. 내 생각을 쓰기보다는 다른 사람들의 글을 따라 쓸 뿐이었다. 그리고 최소한 친구 한 명은 염두에 두고 글을 썼다. 어린 시절 함께 놀던 친구였다. 하지만 머릿속 꿈은 오로지 나만의 것이었다. 누구에게도 설명할 필요가 없었다. 짜증날 때 그곳으로 도망쳤고, 자유로울 때는 그 안에서 가장 소중한 기쁨을 느꼈다.

나는 어린 시절 주로 시골에 살았는데, 스코틀랜드에서 많은 시간을 보냈다. 그림같이 아름다운 곳들도 종종 방문했지만 우리 집은 던디 근처 테이강의 황량하고 음산한 북쪽 기슭에 있었다. 지금이야 황량하고 음산하다고 말하지만, 어렸을 때는 그렇게 생각하지 않았다. 그곳은 내게 자유의 둥지였고, 남몰래 상상 속 인물들과 교감할 수 있는 즐거운 장소였다. 그때도 글을 썼지만 대부분 평범한 수준에 머물렀다. 내가 상상의 날개를 펼치며 진정한 작품을 낳고 길러 낸 곳은 우리

집 정원의 나무 아래, 아니면 인근 민둥산의 황량한 비탈이었다. 이야기의 주인공을 나로 정하지는 않았다. 내 눈에 내 인생은 너무나 평범해 보였다. 낭만적인 비애나 환상적인 사건은 영영 내 몫이 아닌 듯했다. 하지만 나는 나라는 존재에 얽매이지 않고 그 무렵의 나보다, 내 감각보다 훨씬 더 흥미로운 존재들을 만들어 내며 시간을 보냈다.

이후에는 삶이 바빠졌고 현실이 허구를 밀어냈다. 하지만 남편은 결혼 초기부터 내가 부모님의 딸로서 가치를 증명하고 작가로서 명성을 얻기를 깊이 갈망했다. 유명한 작가가 되라고 열정적으로 독려했고, 나 역시 한때는 그럴 마음이 들었다. 나중에는 시들해졌지만 말이다. 남편이 당시에 글을 쓰라 권한 이유는 내가 풍부한 아이디어로 주목받을 만한 작품을 선보일 것이라 믿었기 때문이 아니다. 그보다는 장차 좋은 작품을 내놓을 잠재력을 얼마나 가지고 있는지 가늠해 보기 위해서였을 것이다. 어쨌든 나는 글을 쓰지 않았다. 여행과 살림이 내 시간을 모두 차지했다. 문학 활동이라고 해 봐야 책을 읽거나 나보다 교양 넘치는 남편과 대화하며 사고를 키우는 것 정도였다.

1816년 여름, 우리는 스위스로 여행을 갔고 바이런 경과 가까이 지내게 되었다. 처음에는 호수에서 배를 타거나 호숫가를 거닐며 즐거운 시간을 보냈다. 우리 중에 자신의 생각을 글로 표현하는 사람은 그 무렵《차일드 해럴드의 순례》제3편을 쓰고 있던 바이런 경뿐이었다. 그가 우리에게 연달아 내놓은 작품은 시의 빛과 조화에 둘러싸여 하늘과 땅의 거룩한 영광을 보여 주는 듯했고 우리도 그를 보며 자극을 받았다.

하지만 그해 여름은 유난히 날씨가 궂어 암울했고 쉴 새 없이 내리는 비 탓에 외출을 할 수 없었다. 우리는 어쩌다 프랑스어로 번역된 독일 괴담책 몇 권을 구했다.《신의 없는 연인의 이야기》는 사랑의 서약을 하고 신부를 껴안고 보니 자기가 버린 옛 연인의 창백한 유령이었더라는 내용이었다. 한 가문의 죄 많은 창시자에 관한 이야기도 있었다. 그는 저주받은 그 집의 젊은 후손들이 일정한 나이가 되면 죽음의 키스를 받게 되는 비참한 운명을 따를 수밖에 없었다.《햄릿》의 유령처럼, 갑옷을 갖춰 입은 거대한 형체는 투구의 턱 가리개만 올린 채 흐릿한 달빛을 받으며 한밤중에 어둑한 거리를 천천히 나아갔다. 성벽의 그림자 속으로 사라지는가 싶더니 성문이 열리고 발소리가 들렸다. 방문이 열리고 그는 곧히 잠든 꽃다운 청년의 침상에 다가갔다. 이윽고 비탄에 젖은 얼굴로 허리를 굽혀 이마에 입을 맞추었고, 그때부터 청년은 줄기 꺾인 꽃처럼 시들어갔다. 이후로는 이 괴담들을 접하지 못했지만 마치 어제 읽은 것처럼 내용이 생생히 떠오른다.

"우리 각자 괴담을 써 봅시다." 바이런 경이 말했고, 우리는 제안을 받아들였다. 우리는 모두 네 명이었다. 훌륭한 작가인 바이런 경은 이야기를 만들기 시작해 그의 시 〈마제파〉 끝에 일부를 실었다. 이야기의 구조를 만드는 것보다는 빛나는 심상과 우리 언어를 아름답게 장식하는 시의 운율에 아이디어와 감정을 담는 데 소질이 있는 남편은 어린 시절의 경험을 바탕으로 글을 쓰기 시작했다. 딱하게도 폴리도리는 머리가 해골인 여인에 대한 섬뜩한 아이디어를 내놓았다. 열쇠 구멍을 통해 충격적이리만치 이상한 무언가를 보고(무엇이었는지는 기억나지 않는다) 벌을 받았다는 여인이 그 유명한 코번트리의 피핑 톰(고다이바 부인을 훔쳐본 재단사 - 옮긴이)보다도 비참한 상태로 전락하자 난감해진 폴리도리는 그나마 가장 적합하다고 생각한 캐풀릿 가문의 묘지로 주인공을 보내 버렸다. 두 걸출한 시인은 따분한 산문을 쓰는 일에 질려 마음에도 없던 과제를 금세 포기했다.

나는 열심히 이야기를 구상했다. 우리에게 이런 의욕을 준 이야기들과 어깨를 나란히 할 괴담을 생각했다. 인간에게 내재된 미지의 두려움을 전하고 오싹한 공포를 유발할 괴담. 독자들이 두려움에 차마 고개도 돌리지 못하는, 피가 차갑게 식는, 심장박동이 빨라지는 그런 괴담을 쓰고 싶었다. 이 목표를 이루지 못한다면 괴담이라고 부를 가치도 없었다. 생각하고 또 궁리했지만 소용 없었다. 아무리 애타게 빌어도 대답이 없고 도저히 창작을 할 수 없는 멍한 느낌, 작가를 가장 비참하게 만든다는 그 느낌을 받았다. 매일 아침 "이야기가 떠올랐어?"라는 질문을 받을 때마다 부끄럽지만 "아니"라고 대답하는 수밖에 없었다.

《돈키호테》에서 산초는 모든 일에 시작이 있고, 그 시작은 앞선 일과 연결된다고 말했다. 힌두교에서는 코끼리가 세상을 떠받치지만 코끼리는 거북 위에 서 있다. 우리는 창작이 무에서 만들어지지 않는다는 사실을 겸허히 인정해야 한다. 그보다는 혼돈에서 나온다. 일단 재료가 준비되어야 한다. 어둡고 형체 없는 물질에 형태를 부여할 수는 있지만 그 자체를 물질로 바꾸지는 못한다. 발명과 창의력이 상상의 영역이긴 해도, 나는 이것들에 관해 골몰하면서 콜럼버스의 달걀 이야기를 끊임없이 떠올렸다. 창의력은 곧 대상의 가능성을 포착하는 능력, 그에 제기된 아이디어를 빚고 다지는 힘이다.

바이런 경과 남편은 길고도 많은 대화를 나눴고 나는 거의 침묵하며 두 사람의 말을 귀담아 들었다. 두 사람은 다양한 철학 사상에 관해 논하기도 했고, 생명 원리의 본질을 이야기하며 그것이 발견되어 세상에 알려질 가능성이 있는지를 토론했다. 다윈 박사의 실험도 대화의 주제로 등장했다(엄밀히 말하면 박사가 실제로 했거나 그랬다고 밝힌 실험이 아니라, 했다는 소문이 도는 실험에 대해서 대화를 나눴다). 다윈 박사는 버미첼리 한 가닥이 기이한 방법으로 자발적인 움직임을 보일 때까지 국수 가닥을 유리 상자에 보존했다고 한다. 물론 이 방법으로 생명을 부여하지는 못할 것이다. 그래도 시체를 다시 움직일 수는 있지 않을까. 갈바니즘이 증명하지 않았던가. 어쩌면 생명체를 구성하는 각각의 요소를 만들어 조립하고 생명의 온기를 불어넣을 수 있을지도 모른다.

밤이 깊도록 대화가 이어졌고 마법의 힘이 가장 강하다는 한밤중이 지난 후에야 우리는 잠자리에 들었다. 베개에 머리를 뉘었지만 잠이 오지 않았다. 딱히 생각을 하지도 않았다. 하지만 갑자기 나타난 상상력이 나를 사로잡고 어디론가 이끌더니 평소의 몽상보다 훨씬 생생한 이미지를 연이어 보여 주었다. 눈을 감았지만 머릿속에 보이는 장면은 선명했다. 나는 부정한 기술을 지닌 창백한 이가 자신이 만든 괴물 옆에 무릎 꿇은 모습을 보았다. 누워 있던 기괴한 환영은 강력한 장치의 작용으로 생명의 징후를 보이더니 어색하게 움직이며 반쯤 깨어나고 있었다. 얼마나 섬뜩하겠는가. 조물주의 엄청난 능력에 도전하려는 인간이니 얼마나 무시무시한 결과물을 만들었겠는가. 그도 성공하고 기겁할 것이다. 공포에 질려 자신의 끔찍한 작품을 두고 황급히 도망칠 것이다. 이대로 자신이 일으킨 약한 생명의 불꽃이 꺼지고 불완전한 생명을 얻은 괴물이 무생물로 돌아가기를 바랄 것이다. 생명의 요람으로 여겼던 기괴한 시체가 일시적으로 깨어났지만 무덤의 침묵 속에서 다시 영원한 잠에 빠지리라 믿으며 잠자리에 들 것이다. 그렇게 잠이 들지만 깨어난다. 눈을 뜨자 소름 끼치는 괴물이 커튼을 젖히고 침대 옆에 서서 노랗고 축축한 눈으로 그를 가늠하듯 바라보고 있다.

나는 공포에 질려 눈을 떴다. 내 머릿속을 사로잡은 무시무시한 아이디어로 온몸에 전율이 흘렀다. 섬뜩한 상상 대신 주변의 현실을 눈에 담고 싶었다. 지금도 그 방이 눈에 선하다. 짙은 색 바닥, 유리창의 닫힌 덧문, 그 틈으로 새어 든 달빛, 창문 너머에 유리 같은 호수와 높고 하얀 알프스가 있다는 감각. 괴기스러운 환영은 도무지 사라지려 하지 않았다. 계속 내 머릿속을 사로잡았다. 다른 생각을 해야 했다. 그러다 문득 내가 쓰려던 괴담이 떠올랐다. 지긋지긋하게 막혀 있던 괴담이! 아, 그날 밤 내가 겁에 질려 떤 것처럼 독자들을 두려움에 떨게 할 이야기를 쓸 수 있다면 얼마나 좋을까!

빛처럼 빠르고 명쾌하게 아이디어가 번뜩였다. "찾았다! 내가 무서우면 다른 사람들도 무서울 거야. 밤에 내 머릿속을 괴롭혔던 환영을 묘사만 하면 돼." 다음 날 나는 "이야기가 떠올랐어"라고 공표했다. 그리고 그날 "11월의 어느 음산한 밤이었다"라고 적고 내 음침하고 섬뜩한 공상을 글로 옮기기 시작했다.

처음에는 몇 쪽짜리 단편을 생각했다. 하지만 아이디어를 더 확장해 보라고 남편이 권유했다. 사건이나 감정선에 남편의 의견은 전혀 들어가지 않았지만, 그가 없었다면 작품이 지금과 같은 형태로 이 세상에 나오지는 못했을 것이다. 이렇게 단언하지만 서문은 예외다. 내가 기억하는 한 서문은 전적으로 남편이 썼다.

그리고 이제 무시무시한 괴물을 다시 한 번 세상에 내놓으며 성공을 기원한다. 내게는 무척이나 귀중한 작품이다. 죽음과 슬픔이라는 말이 가슴에 특별한 울림을 주지 않던 행복한 시절에 만들어 낸 결과물이기 때문이다. 내가 혼자가 아니었을 때, 다시는 만나지 못할 내 동반자가 이 세상에 존재하던 때의 수많은 산책, 여행, 대화가 이 안에 담겨 있다. 하지만 이것은 독자들과는 아무 관련이 없는 사사로운 이야기다.

수정 사항에 관해서도 한마디 덧붙여야겠다. 수정은 대체로 문체가 대상이었다. 줄거리 자체는 조금도 건드리지 않았고 새로운 상황이나 아이디어도 추가하지 않았다. 이야기의 흥미를 떨어뜨리는 단조로운 묘사를 고쳤는데 대개 1부에서도 앞쪽만 해당된다. 전체적으로 곁가지에만 손을 댔기 때문에 이야기의 핵심과 본질은 그대로 남아 있다.

1831년 10월 15일, 런던에서

《프랑켄슈타인》 초판 서문

다윈 박사와 독일의 몇몇 생리학 저자들은 이 소설의 바탕이 되는 사건을 전적으로 불가능하다고 여기지 않았다. 그런 상상을 조금이라도 진지하게 믿는다는 인상을 주고 싶지 않지만 나는 상상을 공상 소설의 기본으로 보았고 내가 초자연적 공포들을 엮고 있을 뿐이라 생각하지 않았다. 이 이야기의 흥미로운 사건은 유령이나 마법 이야기들이 가진 약점을 피해 간다. 사건이 전개되는 상황이 신선하다는 점이 이 소설을 매력적으로 만들었다. 물리적으로 불가능하다 해도, 상상을 통해 인간의 열정을 그리는 이야기는 현실의 평범한 사건을 서술한 글보다 더욱 폭넓고 인상적인 관점을 보여 준다.

따라서 나는 인간 본성의 기본 원칙을 충실히 지키려 노력하는 한편, 그 원칙들을 획기적으로 조합하는 데는 주저하지 않았다. 그리스의 비극 서사시 《일리아스》, 셰익스피어의 《템페스트》와 《한여름 밤의 꿈》, 특히 밀턴의 《실낙원》이 그랬듯이 말이다. 평범한 작가라 해도 글을 쓰며 즐거움을 느끼고 또 전파하기를 바란다면 겸허한 태도로 자신의 소설에 이런 자유를 적용해 봐도 좋을 듯하다. 아니, 인간의 감정을 여러 가지로 절묘하게 조합해 훌륭한 시를 탄생시킨 규칙을 활용해 보라고 할까.

나는 가벼운 대화에서 나온 제안으로 이 이야기를 쓰게 되었다. 한편으로는 재미 삼아, 다른 한편으로는 아직 시험해 보지 않은 정신적 능력을 발휘해 보고 싶은 마음에서 시작했다. 작업을 진행하며 다른 동기도 섞였다. 나는 작품 속의 정서나 인물의 도덕적 성향이 독자에게 미칠 영향에 결코 무관심하지 않다. 그러나 이 점에 있어서는 무기력을 조장하는 최근 소설들의 경향을 피하고 가정 내 애정의 소중함과 보편적 미덕의 탁월함을 보여 주는 정도에 그쳤다. 주인공의 성격과 그가 처한 상황을 보며 자연히 생겨나는 의견을 내 확고한 신념으로 받아들이지는 말아 주기를 바란다. 앞으로 펼쳐질 이야기에서 내가 어떤 철학적 신조에 편견을 가졌다는 추측도 마찬가지다.

작중 주된 배경을 이루는 장엄한 지역에서, 지금도 생각하면 아쉬움이 남는 모임에서 이 이야기가 시작되었다는 사실도 저자인 내게는 의미가 크다. 나는 1816년 여름을 제네바 인근에서 보냈다. 그해 여름은 춥고 비가 많이 왔고 저녁이면 우리는 장작불을 피우고 둘러앉아 우연히 얻은 독일 괴담책들을 읽으며 보냈다. 그러다 보니 우리도 따라해 보면 재미있겠다는 생각이 들었다. 다른 두 친구(그중 한 명이 이야기를 썼으면 내가 감히 꿈꿀 수도 없는 찬사를 받았을 것이다)와 나는 초자연적 사건을 주제로 각자 이야기를 쓰기로 했다.

그런데 갑자기 날씨가 화창해지며 두 친구는 나를 두고 알프스로 여행을 떠났고, 알프스가 선사하는 장엄한 풍경 앞에서 오싹한 이야기를 쓰겠다는 약속을 까맣게 잊었다. 다음 이야기가 유일하게 완성된 괴담이다.

1817년 9월, 말로에서

옮긴이 유혜인

경희대학교 사회과학부를 졸업하고 영어 번역가로 활동 중이다. 옮긴 책으로는 《잃어버린 이름들의 낙원》, 《사라진 소녀들의 숲》, 《붉은 궁》, 《늑대 사이의 학》, 《아이가 없는 집》, 《모조품》, 《살인자의 숫자》, 《봉제인형 살인사건》, 《꼭두각시 살인사건》, 《엔드게임 살인사건》, 《아임 워칭 유》, 《인 어 다크, 다크 우드》, 《우먼 인 캐빈 10》, 《위선자들》, 《악연》 등이 있다.

1816년 여름, 우리는 스위스로 여행을 갔고

1판 1쇄 인쇄 2025년 6월 27일
1판 1쇄 발행 2025년 6월 30일

지은이 메리 셸리, 퍼시 비시 셸리
옮긴이 유혜인
펴낸이 이지예
펴낸곳 이일상
디자인 곰곰사무소

출판등록 제2022-000187호
주소 (10414) 경기도 고양시 일산동구 중앙로 1192, 601호
대표전화 070-8064-7494   **팩스** 0504-056-2026
전자우편 2140@2140.co.kr
인스타그램 instagram.com/2140b.studio

ISBN 979-11-985961-6-1 03840

책값은 뒤표지에 있습니다.
잘못 만들어진 책은 구입하신 곳에서 교환해드립니다.